DISCLAIMER

The author and publisher are providing this book and its contents on an "as is" basis and make no representations or warranties of any kind with respect to this book or its contents. The author and publisher disclaim all such representations and warranties, including but not limited to warranties of merchantability. In addition, the author and publisher do not represent or warrant that the information accessible via this book is accurate, complete, or current.

Except as specifically stated in this book, neither the author nor publisher, nor any authors, contributors, or other representatives will be liable for damages arising out of or in connection with the use of this book. This is a comprehensive limitation of liability that applies to all damages of any kind, including (without limitation) compensatory; direct, indirect, or consequential damages; loss of data, income, or profit; loss of or damage to property; and claims of third parties.

BESTACTIVITYBOOKS.COM

FIRST EDITION - Published 2022

Extra Graphic Material From: www.freepik.com
Thanks to: Alekksall, Starline, Pch.vector, Rawpixel.com, Vectorpocket, Dgim-studio, Upklyak, Macrovector, Stockgiu, Pikisuperstar & Freepik.com Designers

This Book Comes With Free Bonus Puzzles

Available Here:

BestActivityBooks.com/WSBONUS20

5 TIPS TO START!

1) HOW TO SOLVE

The Puzzles are in a Classic Format:

- Words are hidden without breaks (no spaces, dashes, ...)
- Orientation: Forward & Backward, Up & Down or in Diagonal (can be in both directions)
- Words can overlap or cross each other

2) ACTIVE LEARNING

To encourage learning actively, a space is provided next to each word to write down the translation. The **DICTIONARY** allows you to verify and expand your knowledge. You can look up and write down each translation, find the words in the Puzzle then add them to your vocabulary!

3) TAG YOUR WORDS

Have you tried using a tag system? For example, you could mark the words which have been difficult to find with a cross, the ones you loved with a star, new words with a triangle, rare words with a diamond and so on...

4) ORGANIZE YOUR LEARNING

We also offer a convenient **NOTEBOOK** at the end of this edition. Whether on vacation, travelling or at home, you can easily organize your new knowledge without needing a second notebook!

5) FINISHED?

Go to the bonus section: **MONSTER CHALLENGE** to find a free game offered at the end of this edition!

Want more fun and learning activities? It's **Fast and Simple!**
An entire Game Book Collection just **one click away!**

Find your next challenge at:

BestActivityBooks.com/MyNextWordSearch

Ready, Set... Go!

Did you know there are around 7,000 different languages in the world? Words are precious.

We love languages and have been working hard to make the highest quality books for you. Our ingredients?

A selection of indispensable learning themes, three big slices of fun, then we add a spoonful of difficult words and a pinch of rare ones. We serve them up with care and a maximum of delight so you can solve the best word games and have fun learning!

Your feedback is essential. You can be an active participant in the success of this book by leaving us a review. Tell us what you liked most in this edition!

Here is a short link which will take you to your order page.

BestBooksActivity.com/Review50

Thanks for your help and enjoy the Game!

Linguas Classics Team

1 - Antiques

న	ఫ	మ	ఢ	శ	త	స	త	భ	ఆ	స	య	శ	ప	ధ	అ
గ	ా	ష	మ	ప	బ	శ	త	మ	భ	ొ	వ	ి	ు	ఈ	ర
ఞ	క	ణ	బ	అ	అ	ర	ఖ	మ	ర	గ	ర	ల	న	ష	్
ం	ణ	హ	ే	శ	శ	క	ఫ	అ	ణ	స	్	్	ర	ం	చ
ఞ	ి	ర	ీ	ల	య	ా	్	గ	ా	ై	గ	ప	ు	ర	న
ప	మ	ఫ	ఉ	ు	ు	ం	ళ	త	ల	న	ం	ం	ద	య	ి
ష	ా	స	ణ	ద	య	ల	వ	ల	ు	ి	వ	గ	్	ర	్
క	ర	త	హ	ా	హ	అ	స	ఞ	క	భ	జ	ం	ధ	ఢ	ర
భ	ా	య	ధ	బ	స	ద	ఞ	త	ళ	ఉ	య	వ	ర	త	ఫ
ఈ	్	ణ	హ	్	ఫ	ల	వ	ఖ	ఈ	ల	ఢ	ఠ	ణ	ధ	అ
భ	ప	్	హ	ా	శ	స	త	ఠ	ఞ	ి	ళ	ధ	డ	ఞ	క
క	ల	ా	జ	శ	భ	య	ష	ఒ	హ	ై	ర	ల	ఒ	అ	ణ
చ	య	న	ఢ	ద	ం	బ	్	ా	త	శ	ప	ప	చ	ం	మ
ప	ె	ట	్	ట	ు	బ	డ	ి	ద	ఞ	హ	అ	హ	ధ	శ
వ	ే	ల	ం	ం	ద	ఈ	ఖ	ణ	హ	మ	క	ం	ర	ళ	శ
శ	వ	డ	అ	ద	త	అ	డ	జ	ర	త	వ	బ	ర	చ	ద

కళ
వేలం
ప్రామాణిక
శతాబ్దం
నాణేలు
దశాబ్దాలు
అలంకార
సొగసైన
ఫర్నిచర్
గ్యాలరీ

పెట్టుబడి
ఆభరణాలు
పాత
ధర
నాణ్యత
పునరుద్ధరణ
శిల్పం
శైలి
వర్గం
విలువ

2 - Food #1

ఉ హ బ వ క చ న చ ధ య క ఉ ఠ చ ద ఈ
ఠ ర శ ే ె స ి ల ు త క ఖ ప భ మ ల
ద ీ ప ర య ఉ మ ు య న ె ా ధ ె ల బ
డ ర ా ు ా ల ె య చ త చ భ హ ఫ ప ళ
ఠ ె ల శ ర ె మ హ ర క ొ ె క చ ఈ ు
వ బ ు ొ ొ ల త య ప ె న ి ె ర ట బ
ష ొ ం న ట ి బ చ డ ధ చ ా ఒ త ం గ
ప ర ల గ ె ప ష బ ఠ ర ి వ య ల ళ జ
శ ా ీ ె క ా ఠ ఖ ఠ స ల హ య రా అ ద
బ ట ర జ ల య క జ ఒ ం ె డ అ య ె ద
చ ె ె ఒ ళ ు జ గ ళ భ ా మ మ ధ ం ట
ె ె ా ద ధ ణ ల ఫ త ఖ ద స ల ా డ ె
చ స బ మ ద య య ె ప ు ల ు స ు అ హ
ల త ధ ఢ ఫ వ త అ ల త ఉ ఖ ఠ క ద ధ
ి య హ గ ష వ ఈ చ డ ి ఠ ధ ఒ ల భ శ
ణ న ే ర ే డ ు ప ం డ ు ఉ వ క య ద

నేరేడు పండు
బార్లీ
తులసి
క్యారెట్
దాల్చిన చెక్క
వెల్లుల్లి
రసం
నిమ్మ
పాలు
ఉల్లిపాయ
వేరుశెనగ
ధాన్యము
సలాడ్
ఉప్పు
పులుసు
బచ్చలి
స్ట్రాబెర్రీ
చక్కెర
ట్యూనా
టర్నిప్

3 - Measurements

శ	ర	ష	హ	త	వ	ద	ఫ	త	డ	డ	హ	డ	ఉ	గ	క
య	క	ఢ	ష	మ	ు	ర	ా	గ	్	ల	ో	ి	క	ఢ	ి
ప	ొ	డ	వ	ు	ు	ో	హ	అ	ం	ధ	ద	గ	ఈ	ఖ	ల
మ	ష	ర	వ	క	ర	వ	ల	ఠ	ఉ	ల	ఈ	్	డ	ఉ	ో
హ	ీ	ఖ	ష	ల	బ	ఒ	ష	హ	ఢ	ఈ	ఠ	ర	గ	ద	మ
ధ	వ	ట	ఎ	త	్	త	ు	వ	ర	ు	ట	ీ	ల	శ	ీ
హ	మ	్	ర	స	ె	ం	ట	ీ	మ	ీ	ట	ర	్	ా	ట
య	ల	ై	ల	్	చ	ఫ	డ	జ	య	వ	అ	చ	ఫ	ం	ర
మ	క	బ	ఒ	్	జ	ళ	అ	ణ	స	ా	ళ	అ	న	శ	ు
శ	ా	ర	బ	న	ణ	వ	ఠ	ఇ	ట	ల	ష	స	ి	ల	ఇ
బ	క	స	హ	ఔ	చ	ఇ	ప	ళ	న	్	అ	ణ	మ	ఢ	ప
మ	ఒ	ర	్	గ	్	ర	ా	మ	్	య	ం	ర	ి	ప	గ
వ	ె	డ	ల	్	ప	ు	మ	ఢ	న	ూ	గ	ఈ	ష	య	ష
చ	ఉ	జ	క	శ	ఈ	డ	ణ	అ	ు	మ	ు	ఫ	ం	ఢ	మ
చ	ళ	ఇ	జ	ణ	బ	స	య	అ	బ	్	ళ	స	ద	ఫ	ఠ
బ	య	అ	ఖ	ప	జ	త	ధ	ఖ	గ	ఉ	ం	ఖ	ల	శ	స

బైట్
సెంటీమీటర్
దశాంశ
డిగ్రీ
లోతు
గ్రామ
ఎత్తు
అంగుళం
కిలోగ్రాము
కిలోమీటరు
పొడవు
లీటరు
మాస్
మీటర్
నిమిషం
ఔన్స్
టన్ను
వాల్యూమ్
బరువు
వెడల్పు

4 - Farm #2

య	బ	క	ఖ	ప	ఆ	త	ష	ఠ	ఈ	క	ప	ఠ	ఠ	ద	ద
త	ఒ	అ	ఖ	చ	హ	ఢ	స	ణ	భ	ా	ఠ	ా	ధ	మ	గ
బ	ఈ	శ	మ	్	ా	ణ	డ	ఈ	భ	ర	ఒ	స	ల	ధ	ొ
త	ా	ద	ష	చ	ర	ధ	ర	య	స	గ	త	ప	హ	ు	ర
ర	భ	త	డ	ి	ం	ూ	ఇ	ఉ	ఢ	ా	ఖ	ణ	ఉ	ో	్
ల	చ	అ	ు	క	ళ	ఫ	ర	డ	ం	య	హ	ఢ	ప	గ	ర
ా	ఈ	ళ	ం	బ	మ	ొ	క	్	క	జ	ొ	న	్	న	ూ
మ	చ	ం	ప	య	ఉ	ణ	వ	ష	ొ	ఇ	ఢ	స	ట	డ	ల
ా	డ	శ	ఖ	ల	ీ	ర	్	ా	బ	గ	ఉ	హ	్	ి	క
వ	జ	ఇ	ణ	ు	జ	ం	త	ు	వ	ు	ల	ు	ర	ం	ా
వ	ి	ం	డ	్	మ	ి	ల	్	చ	ఫ	ఉ	భ	ా	ప	ప
భ	ఢ	వ	ళ	ర	గ	ప	వ	గ	క	ా	ప	ు	క	ప	ర
న	ీ	ట	ి	ప	ా	ర	ు	ద	ల	భ	ద	ఈ	్	ం	ి
జ	అ	మ	య	బ	బ	ఢ	చ	ద	జ	గ	ణ	ణ	ట	డ	చ
క	అ	హ	ష	ద	డ	శ	ర	మ	ఢ	ల	ఖ	త	ర	్	ఉ
ఈ	ధ	ప	ఢ	ష	త	ఒ	ఢ	ప	ం	య	ఫ	ష	్	ల	ర

జంతువులు
బార్లీ
మొక్కజొన్న
బాతు
కాపు
ఆహారం
పండు
నీటిపారుదల
లామా
పచ్చిక బయలు

పాలు
పండ్ల
పండిన
గొర్రె
గొర్రెల కాపరి
ట్రాక్టర్
కూరగాయ
గోధుమ
విండ్మిల్

5 - Books

జ	స	ర	డ	అ	ల	ద	ర	స	అ	మ	స	గ	క	ట	ఉ
ఒ	అ	త	ు	స	ళ	శ	ల	ఈ	క	భ	వ	బ	వ	్	డ
ప	ప	జ	ు	గ	య	అ	ళ	త	జ	శ	భ	ధ	ఞ	ర	ఠ
ఎ	ప	ి	క	్	ళ	క	ల	క	స	చ	ఒ	అ	ఈ	ా	స
ఉ	ళ	య	థ	చ	ద	ు	వ	ర	ి	ా	ఈ	మ	ష	జ	ా
చ	గ	థ	క	ష	య	ణ	న	గ	ఈ	చ	హ	స	ణ	ి	హ
క	క	ఠ	ల	్	క	ర	ి	ట	ా	స	్	ి	హ	క	స
ల	బ	ఢ	ద	హ	ణ	చ	ప	ు	ట	ధ	ధ	య	త	్	ం
ర	ఞ	ధ	హ	ఠ	భ	ర	ఢ	ఖ	డ	ధ	డ	జ	భ	్	ం
చ	ఫ	ధ	గ	ా	త	ఈ	క	వ	ి	త	్	వ	ం	గ	య
య	ఈ	ప	ధ	డ	స	హ	ఞ	ే	ఖ	ప	స	క	ర	క	ం
ి	ఢ	య	శ	ఖ	డ	్	ద	భ	స	స	ద	్	్	ద	్
త	ం	స	చ	వ	వ	త	య	ఠ	గ	ప	ళ	ర	ద	ద	ద
ధ	స	ం	బ	ం	ధ	ి	త	ం	ఒ	ష	మ	మ	ం	వ	ప
ఆ	వ	ి	ష	్	క	ర	ణ	క	ఈ	ఈ	భ	ం	స	ధ	డ
ఖ	ఖ	జ	ర	ా	స	ి	న	ణ	శ	ణ	ద	ణ	ఞ	ఞ	శ

సాహసం
రచయిత
సేకరణ
సందర్భం
ఎపిక్
హిస్టారికల్
హాస్యం
ఆవిష్కరణ
సాహిత్య
కథకుడు
నవల
పుట
పద్యం
కవిత్వం
చదువరి
సంబంధిత
క్రమం
కథ
ట్రాజిక్
రాసిన

6 - Meditation

స	ఫ	ఫ	ఢ	ప	ద	ఆ	ల	ో	చ	న	ల	ు	డ	అ	స
ద	ఖ	ఠ	మ	భ	ర	ృ	ఞ	ఢ	అ	గ	ఫ	స	స	ం	ం
భ	ర	ఉ	త	ధ	ం	ి	ష	మ	ం	ణ	ఢ	ఖ	ఫ	త	గ
ఠ	ఞ	గ	ర	హ	క	ర	శ	ె	ఖ	ఢ	జ	జ	వ	ర	ీ
ర	ధ	ఉ	చ	శ	ా	చ	త	ీ	ట	ఞ	వ	అ	ధ	ె	త
వ	హ	ధ	వ	బ	గ	హ	ఞ	వ	ల	ి	క	ల	ల	ద	ం
శ	ె	వ	ా	స	ీ	జ	జ	శ	ళ	న	న	త	అ	ృ	స
ప	ఞ	ఫ	ణ	మ	ం	య	ె	ద	ఉ	ి	ప	ి	ల	ష	ె
ం	ె	బ	డ	ప	అ	త	త	ం	ణ	క	ె	ం	వ	ె	ప
ణ	వ	ర	ఞ	మ	ప	ఉ	ృ	బ	జ	ొ	ర	ా	ా	ట	ష
గ	ణ	ఠ	క	హ	అ	స	క	ె	ఈ	ల	శ	శ	ట	ి	ె
హ	ణ	ధ	స	ృ	శ	వ	ం	శ	మ	ు	ా	ఫ	ె	ం	ట
హ	స	ఉ	ి	బ	త	ర	ఉ	శ	హ	ే	ం	ఢ	ల	క	త
స	జ	ధ	న	శ	హ	ి	డ	ె	అ	మ	త	క	ు	ర	జ
ద	ఫ	బ	ా	ం	హ	స	చ	ి	ళ	ల	త	ష	ఉ	ు	ధ
ం	ల	ద	మ	అ	జ	బ	క	న	ద	య	డ	ల	అ	ణ	ఫ

అంగీకారం
దృష్టిని
మేలుకొని
శ్వాస
ప్రశాంతత
స్పష్టత
కరుణ
కృతజ్ఞత
అలవాట్లు
అంతర్దృష్టి
దయ
మానసిక
ఉద్యమం
సంగీతం
ప్రకృతి
పరిశీలన
శాంతి
నిశ్శబ్దం
ఆలోచనలు

7 - Days and Months

ఖ	భ	ం	ల	స	మ	ఇ	ళ	ధ	అ	అ	య	అ	గ	హ	బ
ఠ	భ	వ	మ	గ	ా	ం	జ	ం	ద	అ	బ	చ	ు	భ	ు
ఉ	హ	ప	చ	జ	య	ప	గ	ధ	జ	బ	మ	ర	ర	చ	ధ
ల	చ	య	ఊ	భ	అ	ఫ	ె	ళ	చ	ల	ప	ధ	ు	ళ	వ
భ	ి	బ	గ	ఇ	చ	క	ర	ట	వ	ష	ఫ	ం	వ	స	ా
డ	ర	ం	వ	ా	ి	ద	ఆ	ఊ	ా	ా	త	ఉ	ా	ఢ	ర
క	ె	య	ా	ల	ా	ం	డ	ర	ె	ం	ర	హ	ర	న	ం
ప	ా	స	ం	వ	త	ె	స	ర	ం	ఢ	బ	ం	ం	వ	జ
ధ	మ	ల	హ	ఫ	ి	బ	ె	ర	వ	ర	ి	ర	ధ	ం	న
అ	క	ె	ట	ో	బ	ర	ె	ం	ఠ	ం	వ	ఒ	ె	బ	వ
క	చ	ర	స	య	ష	భ	ఠ	వ	డ	వ	స	ా	భ	ర	ర
ళ	త	ి	వ	న	ా	ల	య	ా	ం	ా	జ	ళ	ర	ె	ి
ఉ	చ	ె	ం	స	ణ	ై	క	మ	ద	ి	ళ	త	అ	ం	ఢ
వ	ఇ	ప	త	క	ర	ా	త	ో	ఢ	న	ఇ	ఒ	ఢ	క	డ
వ	ధ	ఏ	ష	ఉ	ణ	జ	ణ	స	ళ	శ	ల	డ	జ	స	అ
ఆ	గ	స	ె	ట	ు	ఉ	శ	ు	క	ె	ర	వ	ా	ర	ం

ఏప్రిల్
ఆగస్టు
క్యాలెండర్
ఫిబ్రవరి
శుక్రవారం
జనవరి
జూలై
మార్చి
సోమవారం
నెల
నవంబర్
అక్టోబర్
శనివారం
సెప్టెంబర్
ఆదివారం
గురువారం
మంగళవారం
బుధవారం
వారం
సంవత్సరం

8 - Energy

హ	ట	జ	క	వ	భ	క	ప	ఫ	ో	ట	ా	న	్	ర	భ
ై	ర	స	ా	ి	ఆ	అ	ఒ	ర	ప	ణ	క	ఢ	ఉ	ష	న
డ	్	య	ర	ద	జ	వ	ణ	డ	ి	ే	వ	అ	ఉ	ళ	్
్	బ	జ	్	్	గ	ర	ి	ర	అ	శ	న	ఢ	గ	ఉ	య
ర	ై	ప	బ	య	ష	ఖ	ద	ర	అ	ఠ	్	ఠ	ఠ	ం	ూ
ో	న	ఖ	న	ు	ఠ	స	ఞ	ధ	ి	చ	జ	ర	భ	బ	క
జ	్	గ	్	త	శ	ఠ	ష	ఒ	య	బ	ి	అ	మ	ర	్
న	ల	ా	ల	్	జ	ి	ీ	డ	ఇ	ణ	ం	శ	వ	శ	ల
్	ఞ	ల	బ	ఖ	ర	ఠ	ద	య	ఒ	ం	ఇ	ద	జ	క	ి
హ	ధ	ి	ఠ	ళ	ఉ	ఉ	ధ	ళ	ధ	ర	ధ	ష	ల	ా	య
ఎ	ల	క	్	ట	్	ర	ా	న	్	వ	డ	న	ధ	ల	ర
డ	ఒ	ర	ష	ర	ఈ	హ	అ	మ	ఒ	య	స	చ	ం	ు	్
ఢ	మ	భ	న	్	ల	ి	స	ో	య	ా	్	గ	గ	ష	అ
బ	్	య	ా	ట	ర	ీ	త	భ	ఉ	్	య	త	ఫ	్	ఠ
ప	ద	శ	ఠ	ో	ప	శ	ఢ	స	డ	ర	ఠ	ఉ	హ	య	ఫ
ద	ష	డ	ద	మ	ర	ప	జ	ళ	శ	ప	ఈ	శ	స	ం	బ

బ్యాటరీ
కార్బన్
డీజిల్
విద్యుత్
ఎలక్ట్రాన్
ఇంజిన్
పర్యావరణం
ఇంధనం
గ్యాసోలిన్
వేడి
హైడ్రోజన్
పరిశ్రమ
మోటర్
న్యూక్లియర్
ఫోటాన్
కాలుష్యం
ఆవిరి
టర్బైన్
గాలి

9 - Archeology

గ	డ	డ	స	భ	బ	స	ఫ	ఫ	ఠ	జ	డ	ఉ	భ	ఖ	ఒ
ల	వ	ర	ష	ఉ	ఈ	మ	చ	ా	ల	ఉ	భ	శ	వ	ర	ఒ
ర	బ	ా	ప	హా	ర	ా	భ	ప	స	న	ఠ	క	ి	హా	త
అ	జ	ల	ర	చ	డ	ధ	ఫ	ర	త	ి	శ	గ	శ	స	జ
ఠ	ఠ	త	శ	స	చ	ి	ద	ి	ం	య	ల	ఆ	ె	ె	ట
ధ	డ	హా	ర	డ	ు	డ	త	శ	ప	ల	ు	ె	ల	య	ె
ఎ	మ	ు	క	ల	ు	డ	ఈ	ో	ె	ి	వ	స	ే	మ	ట
ధ	ష	ధ	క	ఒ	ప	ు	ు	ధ	ర	్	ు	ం	ష	ు	ు
ఫ	డ	ఈ	హా	ధ	ా	ణ	ళ	క	ొ	త	త	వ	ణ	డ	ఖ
భ	అ	జ	డ	ళ	ర	ు	ళ	ు	ఫ	క	ు	త	భ	త	స
ఈ	ప	భ	చ	బ	ె	ప	ఈ	డ	్	ర	ె	ె	వ	జ	బ
చ	త	చ	ఠ	ఠ	వ	ు	శ	ు	స	ి	స	స	ఫ	హా	ద
ణ	ఉ	ఫ	ద	స	క	ి	డ	శ	ర	గ	వ	ర	ఇ	ఇ	ఉ
బ	ఒ	చ	అ	డ	ా	న	ళ	ఈ	ె	ా	వ	ా	ష	ర	ళ
ఖ	త	ఒ	గ	ధ	ల	మ	ఇ	ఫ	ఉ	న	భ	ల	త	ఫ	య
గ	ప	ఢ	స	గ	ం	ు	య	ఫ	ప	స	ఈ	ు	ఈ	ద	ఉ

విశ్లేషణ
పూర్వకాలం
ఎముకలు
నాగరికత
వారసుడు
యుగం
నిపుణుడు
ఫాసిల్
రహస్యము
వస్తువులు
ప్రొఫెసర్
పరిశోధకుడు
జట్టు
ఆలయం
సమాధి
తెలియని
సంవత్సరాలు

10 - Food #2

ళ	ల	ఢ	య	ం	ప	ే	చ	బ	మ	ట	చ	బ	గ	డ	ధ
బ	ి	య	ె	య	ం	ు	ద	శ	ల	మ	ి	ె	డ	ష	య
ఇ	ట	క	వ	భ	జ	ఠ	ట	ఒ	ప	ా	క	ర	త	ఖ	ల
ఒ	ర	ా	ఉ	ఒ	ర	య	డ	ె	య	ట	ూ	ో	భ	ధ	వ
చ	అ	ం	మ	ష	ఇ	ఢ	గ	వ	ట	ో	న	క	ణ	డ	ధ
ఖ	గ	వ	ద	ె	ర	ా	క	ె	ష	గ	ె	ల	మ	మ	డ
చ	ఉ	ి	ష	ఖ	శ	ఢ	శ	ష	ఈ	ధ	ొ	ీ	ల	ష	వ
ఈ	క	ి	గ	ఈ	ద	శ	ఒ	త	చ	గ	ఖ	డ	డ	ఠ	అ
జ	ె	క	చ	ణ	ఖ	ర	ద	భ	శ	ణ	ఈ	త	ు	ద	చ
ఇ	చ	క	డ	ా	గ	ఉ	ఈ	ష	ణ	ఒ	క	ర	డ	గ	ప
గ	ో	ధ	ు	మ	క	క	ట	ె	గ	ష	వ	చ	ె	ప	ు
ఢ	ట	ళ	ధ	ె	చ	ె	య	శ	హ	త	ల	ూ	ు	ం	ఫ
గ	ి	ఢ	బ	ా	ళ	ీ	ల	ె	ి	ప	ఆ	ర	గ	ధ	వ
ళ	ె	ఖ	ఠ	హ	శ	అ	జ	ూ	గ	ఢ	జ	ె	ఠ	ఉ	బ
జ	ర	ప	ూ	ర	ు	గ	ు	ె	ట	ఈ	జ	ర	ఢ	త	హ
వ	ఆ	ధ	ర	ద	డ	గ	బ	భ	స	ె	ఫ	ీ	ణ	ద	ల

ఆపిల్
ఆర్టిచోక్
అరటిి
బ్రోకలీ
కట్
చీజ్
చెర్రీ
చికెన్
చాక్లెట్
గుడ్డు
వంకాయ
చేప
ద్రాక్ష
హామ్
కివి
పుట్టగొడుగు
బియ్యం
టమాటో
గోధుమ
పెరుగు

11 - Chemistry

జ	ఆ	ద	భ	హ	న	స	ే	ం	ద	్	ర	ీ	య	ఆ	ఎ
ఇ	ఎ	మ	ఒ	ధ	డ	్	వ	ి	క	్	ి	ల	వ	క	ల
క	ం	ం	్	ం	ష	ర	య	వ	ష	ళ	ఒ	గ	ఫ	్	క
్	ణ	స	జ	ల	శ	త	డ	ా	ఠ	ప	ఠ	వ	అ	స	్
ల	ర	చ	హ	్ర	ం	ర	ఈ	స	క	ు	ధ	య	వ	ి	ట
ో	ధ	భ	ప	శ	మ	గ	య	త	ష	్	ద	బ	ఢ	జ	్
ర	ల	ఠ	ధ	ణ	బ	్	య	ఇ	ళ	ప	ల	డ	ఉ	న	ర
ి	స	య	వ	ు	ు	ణ	అ	ఢ	ఫ	ఉ	ఆ	ి	ఢ	్	ా
న	హ	్ర	డ	్	ర	ో	జ	న	్	వ	ల	ఠ	య	చ	న
్	అ	య	ా	న	్	్	వ	ం	ర	ే	్	ల	ఖ	ర	్
ఠ	ఇ	క	ద	ఖ	ద	ష	ు	డ	గ	డ	క	అ	ఉ	మ	్
చ	ళ	ష	చ	శ	హ	ఉ	ు	ఫ	ల	ి	ల	ణ	ఠ	ల	మ
ఉ	త	్	ప	్	ర	ే	ర	క	ం	త	ీ	ణ	ఖ	గ	ధ
క	ా	ర	్	బ	న	్	బ	ఠ	డ	హ	న	జ	ల	మ	భ
ళ	ధ	మ	ఖ	ఠ	ఠ	జ	ఇ	క	ఢ	స	్	య	ా	్	గ
ష	వ	ధ	స	చ	జ	శ	ధ	ప	ర	మ	ా	ణ	ు	ఈ	ష

ఆమ్లం
ఆల్కలీన్
పరమాణు
కార్బన్
ఉత్ప్రేరకం
క్లోరిన్
ఎలక్ట్రాన్
ఎంజైమ్
గ్యాస్
వేడి
హైడ్రోజన్
అయాన్
లిక్విడ్
అణువు
న్యూక్లియర్
సేంద్రీయ
ఆక్సిజన్
ఉప్పు
ఉష్ణోగ్రత
బరువు

12 - Music

శ	ఢ	ఖ	గ	య	ఒ	హ	వ	భ	అ	ష	బ	డ	ప	ర	ఇ
ర	ా	ె	ప	ఒ	ష	క	శ	శ	ర	ఒ	ృ	ల	ర	స	డ
హ	వ	స	న	త	ర	్	గ	ం	ి	స	ం	ష	ి	ా	న
ా	ా	ల	్	క	ర	ి	ి	ల	క	స	ద	భ	శ	మ	ం
ర	య	ం	ఫ	త	హ	ద	గ	హ	ా	ం	గ	స	ీ	ర	గ
్	ి	ఖ	ో	స	్	ఇ	ఋ	డ	ర	గ	ా	ధ	ల	స	ా
మ	ద	ఫ	ర	క	ం	ర	ఫ	క	్	ీ	న	ఢ	న	్	ష
ో	్	శ	ో	ద	వ	గ	ీ	జ	డ	త	ం	శ	ా	య	్
న	య	ం	క	ఢ	త	ి	ీ	య	ి	క	ర	్	త	ం	క
ి	ం	అ	్	ర	జ	ద	త	త	ం	ా	ప	ర	్	ల	య
క	త	స	ై	వ	ధ	ద	ప	ా	గ	ర	ప	ా	మ	జ	శ
్	క	ఫ	మ	్	బ	్	ల	ఆ	్	ు	ా	వ	క	శ	హ
త	క	బ	ఋ	స	ల	ఖ	ఋ	త	య	డ	డ	్	ఖ	ఞ	ధ
స	భ	ం	ప	ప	ద	ఒ	ం	ర	బ	ు	ు	య	ర	ం	ఞ
ష	స	య	త	ద	ఫ	ఖ	త	హ	ల	జ	ల	త	ల	ఢ	ష
ఖ	త	అ	ద	ఠ	వ	ళ	ధ	డ	మ	హ	ద	హ	ఖ	ల	బ

ఆల్బమ్
యక్షగానం
బృందగానం
శాస్త్రీయ
పరిశీలనాత్మక
హార్మోనిక్
సామరస్యం
వాయిద్యం
లిరికల్
శ్రావ్యత
మైక్రోఫోన్
సంగీత
సంగీతకారుడు
ఒపెరా
కవితా
రికార్డింగ్
లయ
పాడు
సింగర్
స్వర

13 - Family

ధ	ఇ	ణ	త	అ	మ	అ	ఫ	ఢ	ఖ	ఉ	జ	ర	శ	ఇ	అ
శ	శ	బ	ా	ల	్	య	ం	ర	ఈ	ఇ	హ	క	బ	వ	ం
మ	ే	న	ల	్	ల	ు	డ	ు	ి	ఠ	ఉ	గ	డ	స	క
ల	ళ	్	ా	ర	ప	డ	ళ	త	చ	ద	జ	ం	ఠ	హ	ు
డ	ద	ి	బ	ఉ	జ	వ	ల	ు	డ	క	ో	న	ే	మ	ల
చ	ణ	జ	ఉ	క	ఒ	న	డ	ూ	త	ా	త	స	ఫ	జ	్
క	భ	క	ం	మ	ఇ	మ	స	క	త	ృ	ై	ప	బ	గ	ప
స	ో	ద	ర	ు	డ	ు	హ	ప	అ	త	ల	్	ల	ి	ూ
ధ	ల	ం	వ	భ	ళ	ఉ	త	త	య	త	మ	ప	ఫ	భ	ర
అ	జ	ద	ప	భ	శ	ణ	ఒ	ష	ఇ	ం	్	ఖ	ళ	ా	్
ష	వ	డ	చ	ి	ప	ల	డ	క	య	భ	ళ	త	ళ	ర	వ
అ	ఉ	ల	గ	ఈ	ల	ఫ	గ	ప	ణ	ఠ	జ	ణ	అ	్	ీ
హ	ఉ	అ	జ	మ	మ	్	మ	్	మ	అ	య	భ	హ	య	క
గ	చ	జ	ఫ	జ	వ	ఉ	ల	భ	భ	ప	గ	శ	ం	ఢ	ు
ప	త	ి	ప	చ	హ	భ	బ	ల	ఖ	చ	జ	ఉ	శ	ం	డ
త	ం	డ	్	ర	ి	భ	హ	ఢ	ు	డ	ఢ	ద	క	క	ు

పూర్వీకుడు
అత్త
సోదరుడు
బాల
బాల్యం
పిల్లలు
కజిన్
కూతురు
తండ్రి
తాత
అమ్మమ్మ
మనవడు
పతి
తల్లి
మేనల్లుడు
మేనకోడలు
పైతృక
సోదరి
అంకుల్
భార్య

14 - Farm #1

ఎ	ర	భ	ఒ	శ	ణ	త	గ	ష	ప	బ	ఈ	అ	ఢ	ఞ	ఞ
ష	ర	అ	మ	ర	క	ర	ే	హ	ల	ి	ల	ె	ి	ప	ల
ర	ం	ు	అ	ే	హ	ర	ల	న	భ	య	ధ	ధ	చ	శ	హ
ణ	ర	వ	వ	అ	క	ఖ	ణ	ె	ా	ె	ం	అ	స	ం	చ
వ	ె	ఆ	గ	ు	ఠ	ఢ	ష	క	శ	య	ఉ	ఫ	ప	గ	డ
ణ	ు	శ	య	ఫ	ల	భ	ధ	ా	ణ	ం	శ	ఠ	ం	క	ం
హ	గ	డ	ఈ	ీ	ల	ు	భ	ి	గ	ా	డ	ి	ద	ా	ద
మ	ప	ప	ఞ	ల	ం	య	త	చ	ఉ	వ	ం	ఉ	మ	క	డ
భ	బ	ఉ	న	ె	స	ై	బ	ా	ద	ి	వ	ధ	ా	ి	ష
ణ	ఞ	హ	క	డ	ా	ద	ం	ం	త	త	భ	బ	మ	ఞ	ం
ర	ణ	క	క	ె	ు	క	ం	క	ఈ	ె	జ	ఫ	ె	శ	ఉ
వ	ె	య	వ	స	ా	య	ం	క	గ	త	ద	బ	ు	జ	మ
చ	చ	ష	ం	ఢ	ర	న	వ	ఞ	శ	న	హ	బ	త	భ	స
మ	డ	య	త	ల	గ	ీ	ల	ఒ	ష	ా	ఢ	భ	ష	వ	ఫ
ఈ	వ	బ	ధ	య	జ	ర	మ	ఫ	య	ల	ఞ	చ	ఈ	ఢ	ద
య	ఢ	ఠ	ర	శ	ర	ు	ఠ	అ	ం	ు	ఒ	త	ద	మ	ప

వ్యవసాయం
తుమ్మెద
బైసన్
దూడ
పిల్లి
చికెన్
ఆవు
కాకి
కుక్క
గాడిద
కంచె
ఎద్దులు
ఫీల్డ్
మేక
హే
తేనె
గుర్రం
బియ్యం
విత్తనాలు
నీరు

15 - Camping

స	ె	ప	ా	ం	క	ం	న	ణ	త	ి	క	ృ	ర	ె	ప
ల	ర	ా	ే	డ	య	శ	ి	ో	మ	ఢ	ఉ	ధ	ఇ	మ	ణ
ా	ఫ	స	డ	భ	ఫ	ష	ె	గ	ా	వ	ే	ట	ా	డ	ు
ం	అ	శ	ె	జ	ద	ల	గ	ఖ	ష	క	బ	ఫ	ం	ఠ	భ
త	ప	డ	ద	స	ప	ర	అ	ధ	ా	హ	ణ	ా	ం	త	న
ర	ష	ం	క	డ	ు	ర	ు	ద	ె	ం	చ	ర	ఠ	క	ె
ు	మ	ఫ	చ	ూ	ట	ె	ల	ు	త	ఠ	ష	ూ	చ	ల	బ
ర	య	హ	ల	శ	శ	ఫ	గ	ఊ	య	ల	య	స	స	స	ి
మ	ఠ	ప	అ	చ	త	ా	డ	ు	బ	అ	ర	ె	య	ష	య
క	జ	ం	త	ు	వ	ు	ల	ు	చ	స	ద	ట	ణ	ఢ	ా
ద	గ	ళ	ట	ప	ర	ె	వ	త	ం	ా	వ	ె	వ	ల	ె
ఢ	ర	హ	అ	ప	ఇ	ధ	క	ణ	జ	హ	ఖ	మ	గ	ఖ	క
ఒ	క	శ	ధ	హ	బ	య	ఫ	భ	క	స	ర	త	చ	బ	ీ
భ	మ	య	ఠ	శ	భ	చ	త	జ	ఢ	ం	ఇ	ఒ	ఒ	అ	ట
హ	బ	జ	ఒ	ధ	ధ	చ	ఢ	చ	వ	త	భ	ల	గ	మ	క
ర	ప	త	స	గ	ష	ద	వ	ష	జ	హ	ఢ	బ	ద	ధ	ం

సాహసం
జంతువులు
క్యాబిన్
కానో
కంపాస్
అగ్ని
ఫారెస్ట్
తమాషా
ఊయల
వేటాడు
కిటకం
సరస్సు
లాంతరు
పటం
చంద్రుడు
పర్వతం
ప్రకృతి
తాడు
డేరా
చెట్లు

16 - Algebra

వ	ప	జ	స	శ	ఉ	ధ	ం	ధ	మ	ప	ఠ	జ	క	ష	ర
ఈ	య	గ	ె	ర	ా	ఫ	ె	డ	ా	ర	మ	బ	ు	గ	ే
ఖ	ె	ఖ	మ	ఠ	ఈ	ఖ	వ	య	త	ి	ర	వ	ం	ద	ఖ
స	స	ఠ	చ	చ	న	గ	ఞ	ణ	ె	మ	ర	ఈ	డ	వ	ా
ె	మ	వ	ష	ఖ	న	ఠ	ఞ	భ	ర	ా	ల	శ	ల	ధ	చ
ర	స	ీ	ధ	త	ె	ఫ	ఞ	న	ి	ణ	ం	ం	ీ	శ	ి
ీ	భ	ం	క	భ	ు	ఠ	గ	ం	క	ం	య	ణ	క	ద	త
ట	త	హ	ం	ర	స	ధ	హ	న	ల	ఆ	ఢ	వ	ర	ఠ	ె
ె	ఫ	ధ	ద	క	ణ	ు	బ	ె	ఠ	ఒ	న	త	ణ	ద	ర
స	శ	ప	ప	స	ం	ం	ల	ి	ల	ళ	ం	వ	ం	ఉ	ం
ె	డ	ఫ	భ	ష	ర	గ	ల	భ	ల	బ	ల	ే	ా	ప	బ
డ	ఒ	ఠ	ప	డ	ా	భ	ఒ	ణ	త	భ	త	స	ఫ	ల	ప
ం	డ	ణ	స	హ	క	ఉ	క	డ	భ	ర	ం	ి	హ	హ	ు
ఇ	స	ం	ఖ	ె	య	న	ి	య	మ	ం	ం	ీ	ం	భ	ె
క	ప	ర	ి	ష	ె	క	ా	ర	ం	చ	న	త	ఢ	య	ప
ఫ	వ	ే	ర	ి	య	బ	ు	ల	ె	గ	అ	అ	ం	డ	త

రేఖాచిత్రం
సమీకరణం
ఆనవాలు
కారణం
తప్పు
నియమం
భిన్నం
గ్రాఫ్
అనంత్రం
ఇండక్ట్రిస్
మాత్రిక
సంఖ్య
కుండలీకరణం
సమస్య
పరిమాణం
సులభతరం
పరిష్కారం
తీసివేత
వేరియబుల్
సున్న

17 - Numbers

డ	డ	డ	డ	వ	ప	ప	ద	హ	ా	ర	ు	ఇ	ర	వ	ై
న	ా	ల	ు	గ	ు	ం	ఢ	ళ	డ	స	ద	ఏ	డ	ు	ష
ఠ	వ	స	న	హ	ప	ఉ	త	ఈ	ు	క	ఐ	ఉ	ం	ర	ఎ
ఫ	బ	ఈ	ె	ం	ే	ద	ష	ొ	ా	బ	ఉ	ళ	ద	ఆ	న
ప	డ	ఫ	ం	ల	త	ి	ి	ర	మ	ఠ	మ	ద	శ	త	ి
క	ఒ	జ	్	ళ	చ	ట	ద	హ	భ	్	గ	ి	ం	ఠ	మ
ఖ	మ	జ	న	ర	ఢ	క	ి	ప	ే	శ	మ	మ	ా	క	ి
ం	ఢ	డ	ప	ర	శ	ఒ	మ	ం	ర	న	డ	ి	శ	ఠ	ద
ర	ె	ం	డ	ు	ఒ	ఉ	ి	ఈ	స	ఢ	ు	న	ద	ఇ	ి
ప	ప	బ	శ	వ	క	క	మ	అ	ఈ	ఖ	ా	ి	ఉ	ి	చ
శ	చ	శ	య	అ	వ	శ	్	ఫ	హ	ష	మ	ద	ఈ	జ	అ
ప	ఇ	ల	ఈ	శ	మ	బ	ొ	మ	ప	ళ	ద	ె	అ	చ	ఒ
ప	ఠ	శ	ఇ	జ	ప	బ	త	మ	ద	ఉ	ప	్	ఫ	త	చ
భ	డ	త	అ	ధ	బ	ర	శ	స	ి	ష	య	ద	ర	శ	ఖ
ప	ద	్	న	ా	ల	ు	గ	ు	ం	బ	ష	ప	ఈ	స	హ
ఒ	ఫ	స	ఒ	క	ఫ	ఒ	ం	క	ల	ళ	గ	ధ	జ	ఉ	ష

దశాంశ
ఎనిమిది
పద్దెనిమిది
పదిహేను
ఐదు
నాలుగు
పద్నాలుగు
తొమ్మిది
పంతొమ్మిది
ఒకటి
ఏడు
పదిహేడు
ఆరు
పదహారు
పది
పదమూడు
మూడు
పన్నెండు
ఇరవై
రెండు

18 - Spices

ద	ా	ల	్	చ	ి	న	చ	ె	క	్	క	త	ఫ	మ	ఒ
వ	స	ఈ	మ	య	ల	జ	త	భ	జ	ళ	ఖ	గ	ె	ి	ల
అ	ె	ఈ	ర	ా	క	ల	ా	న	ి	ె	వ	మ	న	ర	ఢ
ల	ఫ	ల	ర	ణ	త	ష	వ	జ	హ	ఈ	జ	డ	్	ప	హ
్	త	ఫ	్	ఇ	క	ీ	మ	ఉ	ి	స	అ	ల	న	క	ల
ల	ు	ు	క	ల	ఏ	ధ	ప	ఢ	ం	క	ఉ	మ	ె	ా	స
ం	క	ల	ల	అ	ు	ణ	స	ి	ఢ	ధ	ా	ఉ	ల	య	ఇ
ఫ	ు	వ	ీ	ఖ	ఖ	ల	బ	ఖ	ఫ	ర	ఒ	య	్	త	ణ
త	ం	ం	జ	చ	ఒ	య	్	ఉ	ల	్	ల	ి	ప	ా	య
ష	క	గ	ధ	ల	శ	ణ	ఈ	ల	క	వ	ు	ప	ు	డ	ఇ
ప	ు	ం	ో	స	ష	ఖ	య	త	ి	ల	త	ం	్	ఢ	హ
ర	మ	ీ	త	ి	త	్	ో	క	అ	ే	ు	బ	ప	ప	ఫ
భ	త	వ	ల	హ	చ	త	డ	య	య	్	ం	ధ	ఉ	గ	క
గ	ఉ	శ	వ	అ	ే	ల	య	ఒ	ణ	ఫ	ె	భ	ఖ	ద	చ
శ	ఇ	ఢ	ల	ప	ద	ఖ	ఫ	ద	ఒ	జ	మ	ద	ం	డ	ల
డ	ళ	ష	ప	ష	ు	మ	భ	ఇ	హ	ఫ	ళ	ం	స	ద	జ

సోంపు
చేదు
ఏలకులు
దాల్చిన చెక్క
లవంగం
కొత్తిమీర
జీలకర్ర
కూర
ఫెన్నెల్
మెంతులు
ఫ్లేవర్
వెల్లుల్లి
అల్లం
జాజికాయ
ఉల్లిపాయ
మిరపకాయ
కుంకుమ
ఉప్పు
తీపి
వెనిలా

19 - Universe

ఒ	ప	చ	ఉ	ఫ	ఒ	స	ఫ	ఈ	య	ఉ	ఖ	శ	ఞ	గ	ర
ఖ	ద	ల	ం	క	శ	హా	ర	ె	గ	శ	ఖ	ష	ఉ	ప	ప
అ	గ	ఫ	ప	ద	స	బ	ల	ఫ	అ	క	ళ	అ	భ	ఞ	ె
ర	ర	ో	య	ష	ె	ె	క	క	ె	మ	ి	స	ె	ా	క
ె	ే	ణ	ళ	జ	ఢ	ర	అ	ర	జ	అ	ఈ	క	శ	ల	ో
ధ	ఖ	చ	ఉ	శ	ఫ	ఒ	ు	క	శ	హా	ల	ప	చ	ణ	స
గ	ా	స	ో	ర	ా	ళ	హా	డ	ె	ణ	క	భ	బ	ఠ	ె
ో	ం	ఢ	భ	బ	ద	స	డ	క	ు	ష	ఖ	గ	ో	ళ	ల
ళ	శ	శ	ల	ఈ	య	అ	ె	త	ప	ఈ	ా	ణ	ఒ	బ	ి
ం	ం	ం	ద	త	డ	అ	జ	త	గ	ప	ు	ం	వ	ధ	ూ
క	న	ి	ప	ి	ం	చ	ే	ష	ె	ఈ	గ	ర	శ	వ	ట
ల	భ	ా	మ	ధ	ె	య	ర	ే	ఖ	ర	శ	వ	ఖ	ం	ఢ
స	ం	క	ె	ర	మ	ణ	ల	ఉ	ఉ	శ	ం	త	ష	య	భ
గ	ూ	ల	ా	క	ె	స	ీ	వ	ఉ	జ	ా	ా	ఠ	య	ష
చ	య	జ	ర	ధ	ధ	చ	ీ	క	ట	ి	క	ా	ధ	ద	ద
ర	ా	శ	ి	చ	క	ె	ర	ం	మ	గ	ఆ	వ	అ	ఈ	ఉ

గ్రహశకలం
ఖగోళ శాస్త్రం
వాతావరణం
ఖగోళ
కాస్మిక్
చీకటి
భూమధ్యరేఖ
గెలాక్సీ
అర్ధగోళం
అక్షాంశం

రేఖాంశం
చంద్రుడు
కక్ష్య
ఆకాశం
సౌర
సంక్రమణ
టెలిస్కోప్
వంపు
కనిపించే
రాశిచక్రం

20 - Mammals

క ఞ అ య క ధ స ఎ ద ్ ద ు ష ప ఒ ఫ
ు జ క ద గ ణ ర ణ ం ం డ ఞ చ ల జ ధ
క ి ు గ ో ర ్ ర ూ శ క ం గ ా ర ు
్ ర ం ర అ మ ర ం ధ ఫ జ ర ు ణ ం డ
క ా ద ఉ శ ణ ర వ ఠ ఉ ీ మ ు ఈ ర ా
ఫ ఫ ే ల చ ర చ క ణ మ బ మ న ల ్ ల
ఠ ీ ల ా ల ్ ర ి ో గ ్ ఢ ఏ ఎ ు ్
ఢ ప ు జ ధ వ ఢ ల ఢ త ర డ స ల గ ఫ
క స ి ర మ అ డ ఖ ప క ా ఒ ఠ ు ఉ ి
గ ఈ ి ల ం గ మ ి ం ి త క ఈ గ ల న
డ ఒ క ం ్ న బ మ వ ధ ఠ ో ఉ ు ద ్
ధ ఢ త ం హ ల క ణ డ త ం త ఢ బ ఫ య
ష హ బ ర శ ం ి ్ ఈ ప ఈ ి డ ం డ ప
త ో డ ే ల ు ల ఫ క ల ద ఢ ణ ట ఖ చ
శ బ గ ఢ శ చ య య ఫ స ఈ మ ణ ి అ ఫ
స ద వ ళ అ ధ వ ం బ ీ వ ర ్ జ య వ

ఎలుగుబంటి
బీవర్
ఎద్దు
పిల్లి
మరి
కుక్క
డాల్ఫిన్
ఏనుగు
నక్క
జిరాఫీ
గొరిల్లా
గుర్రం
కంగారు
సింహం
కోతి
కుందేలు
గొర్రె
తిమింగలం
తోడేలు
జీబ్రా

21 - Restaurant #1

జ	చ	ఇ	ఒ	చ	హా	శ	త	చ	ఆ	జ	ప	స	క	జ	జ
గ	ఉ	ం	చ	ి	శ	వ	ి	ఉ	హా	త	ఒ	ఒ	మ	ఖ	భ
క	జ	ఖ	చ	క	ష	ం	న	ఖ	ా	ద	డ	క	గ	ష	శ
య	ె	శ	వ	ీ	ఇ	ట	డ	త	ర	ఉ	ద	క	ి	మ	స
ర	త	య	డ	న	ల	గ	ా	స	ం	ం	ా	మ	న	అ	ే
ళ	ి	ర	ా	ె	ఈ	ద	న	చ	క	డ	ఫ	ఇ	ె	ల	వ
ం	ె	జ	ఈ	ష	ఈ	ి	ి	ఫ	గ	ఒ	ం	ఇ	న	ీ	క
ఫ	త	ఠ	ర	ట	ి	బ	క	మ	ీ	న	ు	ళ	ీ	ర	ు
అ	క	ఫ	డ	ె	చ	య	ి	ర	ు	మ	ా	ల	ు	ె	ర
త	డ	ధ	ఈ	ల	వ	హా	ర	ప	చ	క	హా	జ	ం	జ	ా
భ	మ	అ	ఖ	ే	గ	ే	త	ె	క	బ	హా	ర	డ	ై	ల
జ	ల	స	ల	ె	ఉ	ప	ష	అ	ళ	ె	ఒ	చ	హా	బ	ు
క	చ	బ	ళ	ప	ణ	ఠ	ఈ	న	ళ	ర	ఖ	ఈ	చ	బ	ం
స	ా	ఖ	భ	భ	జ	హా	డ	ఒ	ె	ీ	హా	వ	ధ	గ	బ
ప	అ	ఫ	క	స	ా	స	ె	హా	డ	డ	ద	ఈ	ళ	స	హా
చ	ఫ	స	ై	ప	ూ	ె	స	డ	ణ	ె	వ	ఖ	త	ఖ	ణ

అలెర్జీ
గిన్నె
బ్రెడ్
క్యాషియర్
చికెన్
కాఫీ
ఆహారం
వంటగది
కత్తి
మాంసం
మెను
రుమాలు
ప్లేట్
రిజర్వేషన్
సాస్
స్పైసీ
తినడానికి
సేవకురాలు

22 - Bees

మ	ళ	ర	ప	ఖ	బ	ళ	ష	గ	ఖ	ణ	ఈ	ఫ	ఉ	ర	చ
క	ై	స	ఠ	ప	ఢ	గ	హ	త	మ	య	ణ	ఈ	ణ	క	డ
ీ	ప	న	ప	ర	ఉ	భ	వ	ె	ౖ	వ	ి	ధ	్క	య	ం
ట	ు	ర	ం	ా	హ	ఆ	క	వ	ఇ	య	ా	ఉ	స	చ	య
క	ప	మ	క	గ	త	చ	డ	ు	య	ు	ర	్క	ూ	స	ఢ
ం	్క	ఖ	గ	స	హ	ే	ఉ	చ	భ	మ	న	ి	వ	ా	స
ఠ	ప	డ	ద	ం	త	త	న	ప	ు	వ	్క	వ	ు	ల	ు
ఒ	ొ	ఈ	వ	ప	ఢ	ో	శ	ె	మ	ొ	క	్క	క	ల	ు
గ	డ	బ	స	ర	ం	ఫ	ట	ర	ె	క	్క	క	ల	ు	ర
ఈ	ి	ష	ఫ	్క	ఖ	ప	ొ	గ	మ	ణ	ప	జ	ఖ	య	ద
న	మ	ై	ర	క	న	జ	య	ో	ర	్క	ప	ల	వ	ఢ	ల
ఖ	ఫ	ణ	స	ం	ప	హ	ద	స	స	అ	జ	మ	స	ఢ	ఠ
ఒ	ఉ	ధ	భ	జ	గ	ణ	ర	ళ	ద	త	ఢ	ద	ం	డ	ు
ధ	స	ప	హ	క	ఇ	డ	ప	వ	జ	ఖ	ఉ	శ	స	ు	గ
ర	హ	ణ	జ	మ	ద	త	త	ఈ	ళ	ఈ	జ	ఫ	గ	ం	మ
య	ఈ	య	వ	ఖ	క	చ	గ	అ	ఫ	ధ	ఈ	మ	హ	ప	గ

ప్రయోజనకరమైన
వైవిధ్యం
పువ్వులు
ఆహారం
పండు
తోట
నివాస
తేనె
కీటకం
మొక్కలు
పుప్పొడి
పరాగసంపర్కం
రాణి
పొగ
సూర్యుడు
దండు
మైనం
రెక్కలు

23 - Photography

ర	ం	ె	ట	చ	వ	ట	ధ	ర	ష	య	స	ఈ	డ	ధ	ఠ
న	ం	ప	ఉ	ఫ	క	ి	ళ	ఫ	క	ొ	మ	ొ	ర	ా	భ
ె	ి	గ	గ	ఒ	గ	క	ర	ల	ర	ధ	స	జ	క	బ	ల
ష	ఉ	ర	ు	త	ల	ీ	ప	ు	ర	ె	రా	క	స	ఉ	జ
బ	ల	ప	ె	ఈ	ల	చ	ు	డ	ద	భ	క	ద	ల	శ	ఫ
ి	ఖ	ఒ	హ	వ	ఫ	త	ు	ీ	ద	ె	గ	భ	ష	ణ	డ
జ	ధ	మ	ళ	ళ	చ	ే	ల	న	ళ	త	ధ	ణ	అ	ఒ	ధ
ి	మ	అ	వ	అ	వ	న	న	ం	ణ	ం	య	ం	ష	ి	వ
ె	ఉ	క	య	ప	చ	ప	ం	ఠ	హ	ఈ	శ	క	గ	ఈ	ు
గ	ల	ై	ట	ి	ం	గ	ె	వ	భ	భ	ె	ో	ా	ా	ర
ఎ	వ	స	ె	త	ు	వ	ు	జ	క	అ	ృ	ట	వ	అ	ు
ధ	గ	ధ	య	ధ	ద	ళ	ఈ	ఠ	ద	ధ	ద	ి	ు	వ	త
వ	ఢ	ష	చ	ఫ	ఒ	త	ళ	గ	ం	చ	ర	ష	ద	త	త
ఫ	ా	ర	ె	మ	ా	ట	ె	ం	ళ	ర	య	ె	ు	ఞ	ె
శ	డ	ఢ	ఞ	ణ	ఖ	ఢ	ఒ	మ	ద	ద	శ	ృ	ృ	ల	ి
ఖ	ఖ	ఞ	త	శ	గ	ం	ళ	ఈ	ఖ	ఉ	హ	ద	మ	చ	చ

నలుపు
కెమెరా
రంగు
కూర్పు
విరుద్ధంగా
చీకటి
నిర్వచనం
ఎగ్జిబిషన్
ఫార్మాట్
చిత్రం

లైటింగ్
వస్తువు
దృష్టికోణం
చిత్తరువు
నీడలు
మృదువుగా
విషయం
నేత
దృశ్య

24 - Weather

ఠ	మ	ే	ఘ	ం	ప	ఉ	భ	ఠ	బ	ప	ఆ	జ	ఠ	వ	ఉ
ద	ఞ	అ	చ	ద	ొ	ర	వ	ష	డ	ె	క	ల	ప	భ	హ
ప	ప	ఈ	య	అ	డ	ు	గ	త	ష	ర	ా	ఖ	ఈ	బ	ద
ు	ఢ	ఖ	మ	ధ	ి	మ	డ	ఠ	ఠ	శ	శ	ఇ	వ	ద	య
ర	ి	జ	ై	న	ె	ు	ఒ	ఈ	వ	ా	ం	ం	య	బ	ద
ు	ణ	త	జ	బ	స	డ	ఫ	ఈ	ఫ	ం	గ	ద	ం	శ	గ
ా	ద	త	ు	ల	ఐ	ళ	త	ం	అ	త	ద	ె	ర	ప	ఈ
మ	చ	ఉ	ధ	ఫ	ఢ	ష	ల	అ	ఞ	త	శ	ర	వ	వ	జ
శ	ళ	ప	ర	ఫ	ా	ల	ప	ళ	ర	ర	చ	ధ	ా	ధ	అ
హ	గ	ా	ల	ి	క	న	వ	స	త	గ	ప	న	త	జ	ఈ
ధ	ర	ె	ల	ా	ో	ప	ు	ం	ళ	ె	ొ	స	ా	ఠ	మ
ర	ల	ి	గ	ా	డ	ి	ు	స	ఈ	ణ	గ	ె	వ	ధ	ణ
త	హ	ఉ	క	ఈ	ం	క	ర	శ	ర	ో	మ	స	ర	ద	శ
ష	ఫ	ధ	స	ే	మ	అ	క	ల	వ	ె	ం	ు	ణ	ఖ	గ
అ	ధ	చ	ర	చ	న	చ	ష	భ	ర	ష	చ	చ	ం	ం	ఠ
ఠ	ల	డ	మ	ం	ణ	ె	ష	ఉ	ద	ఉ	ు	ణ	ల	ద	య

వాతావరణం
ప్రశాంతత
మేఘం
కరువు
పొడి
వరద
పొగమంచు
హరికేన్
ఐస్
మెరుపు
రిజైన్
పోలార్
ఇంద్రధనస్సు
ఆకాశం
తుఫాను
ఉష్ణోగ్రత
ఉరుము
సుడిగాలి
ఉష్ణమండల
గాలి

25 - Adventure

న	త	య	ా	ర	ీ	క	ళ	ఆ	ఫ	ఒ	వ	బ	హ	ఢ	స
ా	ఉ	ఞ	ఉ	ఫ	ఢ	ష	ం	న	ఢ	హ	ి	హ	ఈ	వ	ె
వ	ం	ణ	శ	గ	ఞ	ె	ద	ం	ం	అ	హ	వ	శ	ం	న
ి	త	ఈ	ర	ఫ	హ	ట	శ	ద	ధ	ర	ా	ఖ	ష	చ	ే
గ	ఒ	ప	వ	య	ఢ	ం	ల	ం	ఖ	య	ర	ి	ె	క	హ
ే	ష	గ	ం	స	గ	స	ఖ	హ	ా	య	ం	ె	మ	గ	ి
ష	ష	స	ధ	ఢ	ం	బ	చ	ల	స	క	శ	గ	ల	చ	త
న	క	ొ	త	ె	త	ఖ	ఠ	ు	అ	ం	వ	స	శ	ద	ు
ె	ద	ప	ఉ	క	ఒ	ధ	డ	ళ	ప	శ	ల	అ	ఖ	ఖ	ల
గ	జ	ష	త	ి	క	ృ	ర	ె	ప	ఒ	గ	బ	ల	చ	ు
వ	ప	త	ె	ర	ర	ఫ	శ	ా	ప	ె	ర	య	ా	ణ	ం
ర	ఢ	ఈ	స	అ	ె	ఞ	ధ	వ	ఈ	క	క	వ	ఈ	ల	ర
ె	త	ష	ా	క	ద	ద	బ	స	ె	ర	జ	ం	ే	డ	ం
గ	ఠ	ప	హ	ఉ	ఞ	ఖ	భ	ళ	ఢ	డ	ఒ	బ	ల	హ	ల
ం	జ	గ	ం	ప	ం	య	ఞ	ప	ఢ	ఈ	ఖ	ఖ	ధ	ఒ	ఢ
ఖ	ఒ	హ	ష	ల	ధ	ప	జ	ఒ	ఖ	ఢ	చ	ఒ	ర	ల	ఖ

క్రియ
అందం
సవాళ్లు
అవకాశం
డేంజరస్
గమ్యం
కష్టం
ఉత్సాహం
విహారం
స్నేహితులు
ప్రయాణం
ఆనందం
ప్రకృతి
నావిగేషన్
కొత్త
తయారీ
భద్రత
వర్గం

26 - Restaurant #2

గ	ల	ఖ	న	ా	డ	ు	ల	ె	స	ె	భ	ప	ల	ప	ఈ
అ	ు	ఢ	స	ధ	ె	ప	ఫ	ళ	ళ	శ	డ	ా	వ	ం	ఫ
ష	అ	డ	ఫ	మ	ా	బ	స	ధ	వ	అ	అ	న	ర	డ	జ
ష	ళ	ధ	ె	ర	ల	ఉ	ప	ళ	గ	ఖ	భ	ీ	ల	ు	గ
క	చ	అ	భ	ల	స	ణ	మ	ఢ	జ	ఢ	వ	య	ఫ	హ	ల
ల	ు	డ	శ	ణ	ు	ఉ	ప	ె	ప	ు	ఫ	ం	క	ం	మ
క	ఉ	ర	క	మ	ె	మ	న	ి	ఈ	జ	ో	ధ	అ	ఠ	డ
ణ	వ	ె	ె	ఒ	ర	ల	వ	ల	జ	స	ర	య	హ	ప	ు
స	హ	న	ర	చ	ు	ం	మ	క	ఫ	జ	ె	క	ె	ే	క
ఇ	గ	న	య	య	ీ	త	చ	ఆ	అ	ధ	క	ా	జ	చ	ు
బ	ం	ె	య	ఉ	న	బ	ె	ా	ల	ఫ	ె	ర	మ	ఇ	వ
ర	ఫ	ి	ఈ	ల	య	య	ం	గ	ం	ఖ	ఒ	గ	స	త	ే
య	ళ	డ	ల	ఢ	శ	ణ	ల	ర	ఖ	చ	ళ	ా	డ	జ	స
క	ప	ు	ల	ు	స	ు	చ	ఫ	భ	ఢ	ా	య	త	జ	ఉ
ఒ	ఒ	ఫ	స	ప	ఒ	ళ	ఫ	ఉ	ర	ఇ	ష	ల	వ	ల	ద
వ	ర	బ	గ	ఫ	ఢ	త	డ	బ	ళ	ఠ	మ	ు	చ	య	ల

ఆకలి
పానీయం
కేక్
కుర్చీ
కమ్మని
డిన్నర్
గుడ్లు
చేప
ఫోర్క్
పండు
మంచు
లంచ్
నూడుల్స్
సలాడ్
ఉప్పు
పులుసు
చెంచా
కూరగాయలు
సేవకుడు
నీరు

27 - Geology

త	గ	హా	క	ఉ	గ	ల	వ	భ	చ	ఢ	వ	ళ	బ	చ	జ
భ	ీ	గ	ప	ర	య	ు	క	ో	త	క	త	భ	ళ	ఢ	ఒ
ధ	జ	ర	ణ	ొ	ి	ఫ	హా	జ	ళ	ళ	ఞ	ళ	జ	ఈ	ద
గ	ర	హా	హా	ప	ా	గ	ర	భ	స	ం	అ	ధ	బ	గ	ధ
ళ	ె	క	ష	భ	ర	శ	ి	ల	చ	ఖ	స	వ	బ	ఒ	బ
మ	ష	త	వ	డ	క	గ	మ	న	ఢ	ణ	ధ	ఞ	ఞ	జ	ఫ
బ	ఈ	ద	వ	స	ె	ఫ	ట	ి	క	ా	ల	ు	గ	గ	ా
ఉ	స	ఢ	ా	అ	గ	ె	న	ి	ప	ర	ె	వ	త	ం	స
ప	క	ె	ా	ఢ	బ	జ	ప	ఖ	ష	ష	ణ	చ	వ	ధ	ి
ె	ా	ధ	ల	ద	డ	ళ	ఒ	ణ	య	ల	ళ	క	ఠ	ఈ	ల
ప	ల	ప	ఠ	ె	క	ె	వ	ా	ర	ె	ట	ె	జ	ె	ె
ు	ె	ఖ	ప	ం	క	ం	ూ	భ	ప	గ	డ	ప	ు	శ	ఆ
చ	ష	ఫ	మ	బ	మ	ి	న	ర	ల	ె	స	ె	ష	జ	మ
ఉ	ి	ణ	ళ	ఖ	ం	ళ	ౖ	ప	ీ	ఠ	భ	ూ	మ	ి	ె
స	య	ధ	అ	ప	ఠ	ఢ	ఞ	స	అ	ళ	ఉ	భ	ఞ	అ	ల
డ	ం	ం	ఖ	చ	ఠ	ఢ	వ	ఞ	మ	భ	క	ళ	అ	అ	ం

ఆమ్లం
కాల్షియం
గుహ
ఖండం
పగడపు
స్ఫటికాలు
సైకిల్స్
భూకంపం
కోత
ఫాసిల్
గీజర్
లావా
పొర
మినరల్స్
కరిగిన
పీఠభూమి
క్వార్ట్జ
ఉప్పు
రాయి
అగ్నిపర్వతం

28 - House

ప	గ	ఫ	ష	భ	మ	జ	మ	జ	ఫ	ఖ	అ	ఫ	భ	డ	స
అ	ె	ర	ు	ప	ు	ి	చ	ం	క	ర	శ	ద	జ	జ	ఖ
త	ర	ె	ద	శ	ప	అ	ల	ు	న	ె	ట	ై	ె	ర	క
అ	ం	న	ఈ	య	ప	త	ో	ట	ఒ	ఉ	ఈ	భ	అ	ద	త
వ	ధ	ీ	బ	భ	ద	గ	మ	చ	క	ద	ఠ	త	గ	ీ	ం
ఖ	ా	చ	మ	ఢ	వ	ఖ	క	అ	గ	ో	డ	య	గ	గ	భ
ర	ల	ర	ర	చ	క	శ	చ	త	త	స	అ	హ	ఒ	ట	ఖ
ద	య	ె	ొ	అ	ట	క	వ	ల	ు	ి	క	ఇ	శ	ం	ఈ
ి	ం	అ	క	ం	ఢ	వ	ఈ	ు	స	ప	డ	ద	ఫ	వ	ఖ
ప	త	హ	ి	క	ం	చ	ై	ప	ె	చ	ు	గ	ఢ	ర	ఉ
ం	జ	మ	ట	ణ	హ	జ	ప	ు	త	భ	ధ	న	చ	ష	క
హ	ల	ణ	ీ	ఈ	ధ	ఒ	గ	గ	ం	ప	ఢ	ఉ	ా	ర	య
అ	ె	శ	ీ	త	ఒ	ర	ఖ	హ	అ	క	క	ద	ప	ద	ఇ
ఈ	ల	శ	క	ఈ	త	ల	గ	ణ	మ	స	గ	బ	ర	ఒ	ీ
ళ	ు	య	హ	ష	ధ	ఖ	ఇ	ద	మ	ఒ	య	త	ణ	త	జ
ధ	ఢ	అ	ష	క	ఒ	ప	ఈ	య	ీ	య	ె	ొ	ప	గ	స

అటక
పునాది
చీపురు
కర్టెన్లు
తలుపు
కంచె
పొయ్యి
అంతస్తు
ఫర్నిచర్
తోట
కీలు
వంటగది
దీపం
గ్రంథాలయం
అద్దం
మరొక
గది
జల్లు
గోడ
కిటికీ

29 - Physics

త	ఫ	హ	మ	ఢ	అ	ఖ	అ	స	ఖ	ం	శ	ధ	ం	ల	శ
య	్	ఖ	స	భ	ణ	క	య	వ	ి	స	్	త	ర	ణ	క
క	డ	వ	హ	ద	ు	న	స	వ	ల	ఉ	జ	ఫ	ప	ర	శ
హ	ధ	మ	ర	భ	వ	న	్	ర	ా	ట	్	్	క	ల	ఎ
య	స	ా	ద	ణ	ు	చ	క	జ	ఈ	య	ష	ధ	ల	న	స
గ	మ	స	ల	ం	ం	ర	ా	ఇ	ి	డ	వ	గ	ర	్	ా
ణ	ం	్	ఇ	గ	డ	గ	ం	ే	వ	ం	ధ	్	బ	య	ప
జ	య	ద	హ	ణ	ఢ	ఒ	త	య	ల	ఢ	ఇ	య	అ	ూ	ే
ఉ	ి	క	ర	వ	మ	ద	త	ర	ద	్	ం	ా	స	క	క
ఈ	న	ం	ల	గ	ల	గ	్	ం	ధ	ణ	ర	స	త	్	్
జ	ష	ఉ	అ	ఠ	ో	ప	వ	ం	ష	ఈ	స	్	ల	ల	ష
ర	ధ	జ	ఠ	ఢ	ఠ	ళ	ం	ఖ	ప	ల	డ	ల	ఠ	ి	త
స	ఒ	జ	డ	ధ	శ	న	ం	ద	ు	చ	ర	త	ఖ	య	ల
ా	య	ూ	న	ి	వ	ర	్	స	ల	్	ఖ	ఒ	ఖ	ర	ప
య	అ	జ	బ	మ	ఒ	డ	గ	ఢ	ధ	ధ	ర	త	ం	్	డ
న	మ	ె	క	ా	న	ి	క	్	స	్	ధ	ప	ఠ	స	డ

త్వరణం
గందరగోళం
రసాయన
సాంద్రత
ఎలక్ట్రాన్
ఇంజిన్
విస్తరణ
నియమం
తరచుదనం
గ్యాస్
అయస్కాంతత్వం
మాస్
మెకానిక్స్
అణువు
న్యూక్లియర్
కణ
సాపేక్షత
వేగం
యూనివర్సల్
వడి

30 - Dance

ల	్	స	ర	్	హ	ా	ి	ర	ళ	మ	క	ఒ	భ	చ	ఒ
ఫ	జ	ం	హ	త	ళ	ల	హ	ల	ష	హ	ొ	ళ	ా	ధ	క
ప	స	స	ణ	డ	ల	చ	స	మ	భ	జ	ర	ష	గ	వ	శ
ఠ	ఒ	్	ఉ	క	ర	స	ర	ీ	ర	శ	ి	చ	స	ఈ	ా
ఈ	గ	క	క	ద	ఉ	ఇ	ఫ	డ	జ	ఉ	య	ల	్	ం	స
ఈ	స	ృ	ళ	ం	్	ళ	భ	ా	వ	ం	ో	భ	వ	బ	్
ఖ	ధ	త	బ	ం	చ	య	ఠ	క	ఫ	త	గ	ం	ా	స	త
ఒ	ర	ి	శ	న	య	శ	మ	అ	ఫ	ఇ	్	గ	మ	శ	్
ధ	ష	ప	మ	ఆ	అ	ధ	ం	ం	బ	గ	ర	ి	ి	హ	ర
వ	్	య	క	్	త	ీ	క	ర	ణ	ఢ	ఫ	మ	ఫ	ఠ	ీ
వ	ఫ	ద	క	ఫ	ఒ	అ	ఈ	ఢ	క	జ	ీ	చ	ఉ	శ	య
భ	బ	డ	ృ	ఖ	ష	ఇ	జ	ఫ	మ	హ	ఖ	వ	మ	య	ద
ఖ	ఇ	శ	మ	శ	ష	ర	బ	జ	చ	శ	ఉ	ఒ	ధ	ప	ధ
శ	ఖ	జ	ల	భ	్	ఢ	ప	మ	ప	య	ఇ	శ	హ	ఫ	చ
స	ం	గ	ీ	త	ం	య	ఫ	ఖ	ణ	వ	ఒ	ఢ	ప	ల	ళ
స	ా	ం	స	్	క	ృ	త	ి	క	ఒ	య	ష	భ	ధ	ఉ

అకాడమి
కళ
శరీర
కొరియోగ్రఫీ
శాస్త్రీయ
సాంస్కృతిక
సంస్కృతి
భావం
వ్యక్తీకరణ

దయ
ఆనందం
ఉద్యమం
సంగీతం
భాగస్వామి
భంగిమ
రిహార్సల్
లయ
దృశ్య

31 - Coffee

ఞ ఖ ళ ధ శ ర న ద య శ ఒ వ ణ ఒ ఠ వ
భ ఒ ద ఞ హా చ ల ఠ బ ష ఞ ే ఈ ఒ డ ఒ
ళ ఖ ఖ ఠ ఈ భ ు ణ ద ష ర ర ు ీ న అ
ఫ ణ జ ఫ శ గ ప వ శ డ ఞ ు బ ఫ ధ చ
చ ి ఠ అ వ ఠ ు ళ గ ఒ ఈ ఈ ద ం ర స
ఫ భ ల ్ మ ఆ ధ ష ళ అ ద ణ మ హా ధ హా
ఉ మ ు ్ ప క ప ా న ీ య ం ీ ళ ర ం
డ డ ా ష ట వ య ఞ శ ్ గ ప గ ల ఢ ణ
ఢ బ ప క చ ర శ ఖ ర ష ఫ ద డ ణ ష ప
బ డ ్ వ ి క ్ ి ల క ష ి ల స ఫ గ
జ హా ద క మ ె డ త వ ా స చ ె య డ గ
డ అ ల ు ఉ ్ ద ం ణ ల ద ఈ గ క గ ప
వ భ మ ం ే క భ ఖ శ ్ ళ ం త ఖ బ ణ
భ ఫ ఖ అ ళ చ ఢ ఞ చ చ డ ష ఖ ర శ భ
ఫ ్ ల ే వ ర ్ హా జ ి ణ అ హా ష ణ భ
మ ూ ల ం య ద ఉ ణ య న స ా వ జ హా క

ఆమ్ల
వాసన
పానీయం
చేదు
నలుపు
కెఫిన్
మీగడ
కప్
ఫిల్టర్
ఫ్లేవర్

వేరు
లిక్విడ్
పాలు
ఉదయం
మూలం
ధర
కాల్చిన
చక్కెర
నీరు

32 - Shapes

ర	ఒ	త	జ	గ	జ	ణ	య	ఇ	ష	ఇ	హ	క	చ	ళ	క
ణ	ా	త	య	శ	ఈ	ఫ	ఈ	గ	గ	ఈ	శ	ప	డ	హ	బ
చ	త	ం	ఒ	క	ఫ	ఢ	ఢ	ం	ర	వ	ృ	త	్	త	ం
ఈ	్	త	డ	ప	స	హ	ఒ	ం	ం	అ	హ	ర	మ	స	హ
ద	ర	్	ల	్	ఈ	ఢ	వ	అ	స	ం	ఉ	ప	ి	ఖ	ధ
య	ి	వ	క	ా	ర	్	న	ర	్	చ	భ	స	ర	ఒ	డ
వ	భ	ృ	స	ల	బ	అ	స	వ	ర	ు	ఢ	స	ి	య	ఒ
ం	ు	ఘ	ఈ	ళ	ం	ో	గ	వ	ు	ల	హ	ఢ	ప	ఓ	హ
ప	జ	ర	భ	ల	ష	య	ర	న	త	ు	ఢ	బ	ల	వ	మ
ు	ం	్	క	ణ	డ	త	హ	్	చ	ఇ	శ	హ	ప	ల	వ
ఫ	ఉ	ీ	మ	్	ద	అ	ధ	ై	ప	ఫ	ఠ	ు	్	్	అ
ఫ	ఈ	ద	ఫ	ఫ	య	అ	ఖ	ల	ు	ై	ప	భ	ర	క	గ
ం	ఇ	ర	డ	ఖ	శ	ా	మ	ళ	ై	త	హ	ు	ి	జ	ఉ
క	ో	న	్	త	ఖ	డ	బ	త	ై	ధ	ఒ	జ	జ	ఢ	జ
స	ి	ల	ి	ం	డ	ర	్	్	వ	ఉ	ఉ	ి	ం	త	స
ఫ	ఒ	ర	డ	భ	య	ధ	ఉ	య	ఫ	త	ర	ధ	హ	భ	గ

వృత్తం
కోన్
కార్నర్
క్యూబ్
వంపు
సిలిండర్
అంచులు
దీర్ఘవృత్తం
హైపర్బోలా
లైన్

ఒవల్
బహుభుజి
ప్రిజం
పిరమిడ్
రౌండ్
వైపు
గోళం
చతురస్రం
త్రిభుజం

33 - Scientific Disciplines

ఎ	ర	హా	ఠ	ధ	హా	ప	య	ఖ	య	ణ	ర	ళ	ప	క	వ
జ	క	ఉ	ల	జ	ర	ు	ఠ	వ	వ	జ	ో	ష	ణ	ై	ృ
త	క	ా	మ	ర	ల	ర	్	క	ో	ఫ	బ	ళ	ఉ	న	క
ఖ	డ	ళ	ల	ఠ	ధ	ా	ఢ	స	స	ళ	ో	బ	ష	ె	్
న	గ	ఒ	ల	జ	ష	వ	భ	ై	భ	క	ట	య	్	స	ష
జ	్	ో	గ	ళ	ీ	స	శ	క	ఉ	ప	ి	ో	ణ	ి	శ
ీ	ణ	య	ళ	య	ద	్	ళ	ా	అ	ర	క	క	గ	య	ా
వ	ఈ	ఒ	ూ	శ	ఠ	త	స	ల	హా	గ	్	ె	త	ా	స
శ	జ	ప	ఠ	ర	ా	ు	్	జ	ళ	ప	స	మ	ి	ల	్
ా	ి	ో	భ	త	ా	స	క	ీ	ఈ	గ	్	ి	క	జ	త
స	య	ష	క	ళ	ద	ల	్	భ	ధ	ఈ	భ	స	ల	ీ	్
్	ా	ణ	ఈ	బ	జ	స	జ	త	య	ఠ	గ	్	చ	వ	ర
త	ల	త	య	ఒ	గ	ద	ి	ీ	్	గ	య	ట	బ	ఫ	ం
్	జ	ధ	ధ	ణ	అ	క	ి	భ	జ	ర	జ	్	శ	ల	ఖ
ర	ీ	ం	ప	ఒ	ఖ	మ	ఫ	డ	క	వ	ం	ర	వ	ష	ళ
ం	మ	ె	క	ా	న	ి	క	్	స	్	డ	ీ	ధ	ం	ద

ఫోకర్
పురావస్తు
ఖగోళ శాస్త్రం
బయోకెమిస్ట్రీ
జీవశాస్త్రం
వృక్షశాస్త్రం
ఎకాలజీ
జియాలజీ
కైనెసియాలజీ
మెకానిక్స్
న్యూరాలజీ
పోషణ
ఫిజిక్స్
సైకాలజీ
రోబోటిక్స్
ఉష్ణగతిక

34 - Science

ఫ	శ	ా	స	ె	త	ె	ర	వ	ే	త	ె	త	ప	ల	ఢ
భ	ి	స	భ	వ	ల	శ	చ	య	జ	ష	ద	ఠ	ె	అ	మ
ం	త	జ	ర	హ	ఖ	భ	స	ఉ	ఫ	అ	ర	ఢ	ర	ణ	హ
అ	ి	ఖ	ి	శ	ప	ర	ి	క	ల	ె	ప	న	య	ు	య
ణ	ధ	ష	ం	క	ఞ	ఈ	ద	ల	ు	ా	ణ	క	ో	వ	ఢ
ష	ె	భ	భ	స	ె	ఠ	ఖ	ం	క	ం	స	ఖ	గ	ు	ఖ
బ	ద	బ	భ	శ	ఒ	స	డ	వ	క	ధ	ల	య	శ	ల	ఖ
ర	ప	చ	ం	జ	గ	ఞ	ె	ఖ	ె	క	బ	ళ	ా	ు	ప
ఠ	ె	వ	య	ీ	డ	గ	క	క	ొ	క	ప	డ	ల	ద	ర
గ	ర	చ	ళ	వ	ే	ణ	ఫ	గ	మ	ల	ఢ	వ	జ	ళ	ి
వ	య	ం	త	ి	ట	మ	ి	న	ర	ల	ె	స	ె	ఒ	ణ
ు	ో	అ	ధ	ం	ా	ర	స	ా	య	న	త	అ	ఖ	గ	ా
ు	గ	ం	ద	ఫ	ష	ప	ె	ర	క	ృ	త	ి	ఫ	ద	మ
ణ	ం	ర	వ	త	ా	ా	వ	వ	ా	స	ె	త	వ	ం	ం
అ	ఫ	ా	స	ి	ల	ె	ణ	శ	ఒ	డ	య	ల	ఖ	ఞ	ఢ
గ	ు	ర	ు	త	ె	వ	ా	క	ర	ె	ష	ణ	అ	మ	శ

అణువు
రసాయన
వాతావరణం
డేటా
పరిణామం
ప్రయోగం
వాస్తవం
ఫాసిల్
గురుత్వాకర్షణ
పరికల్పన
ప్రయోగశాల
పద్ధతి
మినరల్స్
అణువులు
ప్రకృతి
జీవి
కణాలు
ఫిజిక్స్
మొక్కలు
శాస్త్రవేత్త

35 - Beauty

ష	ఆ	బ	ం	ద	క	డ	క	ఒ	ద	భ	ప	క	బ	ల	ణ
ా	ర	క	ె	న	ి	జ	్	ట	ో	ో	ఫ	ు	చ	ా	డ
ం	త	జ	ర	స	వ	ళ	ద	ష	ఖ	చ	ఫ	ర	ర	క	ఖ
ప	్	ల	య	ె	ఇ	అ	క	ఒ	ల	ష	ం	ు	ె	ె	ణ
ా	ె	ప	జ	జ	ష	ఠ	త	ఈ	ఖ	ఒ	ఫ	ల	మ	ష	ం
వ	త	క	ఉ	ద	స	ణ	ఫ	ఫ	భ	ల	త	ు	ం	ణ	స
ల	క	ె	ే	ల	ు	వ	ే	స	ర	ఢ	వ	గ	త	ి	ఢ
డ	ఠ	ట	చ	మ	వ	స	ౌ	ం	ద	ర	ె	య	ణ	క	అ
య	ణ	ి	క	య	ా	ఇ	ఈ	చ	ప	ఉ	అ	ద	ఢ	ు	బ
ష	డ	స	వ	ఠ	స	భ	ష	త	ఠ	య	గ	ం	న	డ	బ
ఈ	వ	ె	ఒ	గ	న	స	ై	గ	ొ	స	హ	ె	ా	ు	ప
ల	ఫ	ప	త	ప	క	ఠ	జ	ల	ఫ	ద	గ	ద	న	ఫ	గ
జ	ం	ె	ష	చ	ె	గ	ప	గ	శ	చ	వ	అ	్	ణ	ష
ళ	గ	ి	వ	ఢ	య	ప	వ	శ	ఉ	ల	జ	ర	ల	ణ	త
ం	య	ల	ఖ	గ	ఫ	క	ు	ఈ	య	స	ర	గ	ు	ం	ర
స	ఒ	భ	ఉ	త	ె	ప	త	ె	త	ు	ల	ు	ఠ	య	ఇ

ఆకర్షణ
రంగు
సౌందర్య
కురులు
ఒప్పు
సొగసైన
సువాసన
దయ
లిప్స్టిక్
మేకప్

అద్దం
నూనెలు
ఫోటోజెనిక్
ఉత్పత్తులు
కత్తెర
సేవలు
షాంపూ
చర్మం
లాక్షణికుడు

36 - Clothes

ల	ల	త	ఆ	భ	ర	ణ	ా	ల	ు	ప	ఈ	క	ద	స	ద
స	ఉ	గ	చ	ా	భ	ఈ	ట	ఇ	ల	ై	గ	ం	ు	ె	భ
ఢ	భ	న	ె	ష	య	ా	ె	ఫ	ణ	జ	స	క	స	క	శ
చ	ౌ	క	ె	క	ా	ర	క	ఇ	వ	ా	ం	ణ	ె	ా	శ
ణ	అ	్	భ	ర	గ	ఖ	ి	ప	భ	మ	ఠ	ం	త	ర	చ
శ	ం	వ	ం	డ	ా	ఫ	ా	ణ	ఇ	ా	వ	బ	ు	ె	భ
ష	చ	ర	ల	ఠ	ం	ె	జ	బ	డ	బ	మ	ట	ల	ఫ	ఉ
వ	చ	బ	ల	ఉ	ల	ు	ప	ు	ప	ె	ి	చ	ు	ె	ల
స	ా	క	ె	స	ె	ఢ	చ	అ	శ	ట	స	ల	ద	ో	క
ట	చ	ే	త	్	త	ౌ	డ	ు	గ	ు	ల	ు	య	మ	క
ె	ు	బ	మ	చ	ఠ	ఠ	ఇ	మ	ప	క	అ	త	గ	గ	వ
ల	గ	య	ఒ	ప	ఫ	స	ఒ	మ	క	ో	య	ఈ	క	గ	ష
ె	చ	ల	ా	ష	ల	ష	త	భ	స	్	ఢ	అ	ళ	ర	బ
ి	ఉ	ఫ	ద	ం	మ	య	భ	మ	ఠ	ల	ధ	చ	ఖ	గ	వ
బ	మ	జ	ృ	న	ె	స	ె	ఉ	మ	చ	ద	ద	ఖ	డ	ష
మ	ఒ	ర	స	ఢ	ఉ	ప	హ	ష	మ	వ	భ	స	ద	ఇ	ఢ

అప్రాన్
బెల్ట్
రవిక
కంకణం
కోటు
దుస్తులు
ఫ్యాషన్
చేతి తొడుగులు
జాకెట్
జీన్స్
ఆభరణాలు
పైజామా
ప్యాంటు
చెప్పులు
స్కార్ఫ్
చొక్కా
షూ
లంగా
సాక్స్
చలి కోటు

37 - Ethics

క	త	క	వ	ి	త	స	ె	ా	వ	మ	ఫ	ం	శ	ఒ	మ
మ	ో	స	మ	ు	ఒ	న	మ	ై	ర	ప	య	త	ె	ా	ద
వ	ఫ	ం	ఫ	ప	ళ	ద	వ	గ	అ	చ	క	వ	త	గ	ం
వ	ఈ	ప	అ	శ	ఢ	బ	ి	ఠ	ె	ఢ	డ	ె	త	ా	వ
శ	ష	ధ	క	ళ	ద	త	శ	ల	ద	ర	ల	య	ె	ర	ా
వ	ి	ల	ు	వ	ల	ు	ె	ద	ఖ	భ	త	క	వ	వ	ా
స	ళ	స	ద	ఉ	ళ	ఈ	వ	బ	మ	ధ	ీ	ె	ం	ం	శ
గ	ల	ఞ	ధ	ళ	అ	ష	ా	ప	స	ం	య	త	ధ	మ	ఆ
స	ద	అ	ం	బ	ఖ	ర	స	ప	త	ం	ి	ి	ద	ద	బ
ఒ	ఫ	య	ఉ	ళ	అ	న	ం	ఞ	ా	ె	జ	వ	ధ	స	ఞ
ల	ఖ	ద	ద	ఈ	శ	బ	భ	ా	ణ	చ	ా	ా	ష	హ	ఞ
హ	ే	త	ు	బ	ద	ె	ధ	త	క	హ	ి	ద	ఒ	న	ర
ఞ	డ	ణ	బ	ష	భ	ల	వ	ష	ఫ	హ	న	ం	ళ	ం	శ
స	ఠ	ణ	స	మ	ం	జ	స	ం	ఉ	ఖ	స	బ	మ	ఈ	ం
ఈ	బ	చ	ఫ	క	క	ణ	డ	ణ	ఠ	స	ధ	చ	త	అ	ం
ఒ	అ	ఫ	ఞ	డ	ష	ల	ర	క	ర	ు	ణ	క	జ	త	ఞ

విశ్వాసం
కరుణ
సహకారం
గౌరవం
దౌత్యపర్మైన
నిజాయితీ
మోసము
వ్యక్తివాదం
సమగ్రత

దయ
ఆశావాదం
సహనం
తత్వం
హేతుబద్ధత
వాస్తవికత
సమంజసం
విలువలు
జ్ఞానం

38 - Astronomy

ఞ	హ	ం	వ	ర	ా	శ	ి	చ	క	్	ర	ం	ఱ	ఫ	ఢ
ర	అ	త	్	వ	ష	ు	ి	వ	ర	భ	భ	భ	ల	ఒ	స
య	గ	మ	య	క	ష	హ	స	ౌ	ర	హ	య	ూ	ఢ	ం	ర
ఉ	ఖ	ఠ	ో	ణ	ర	ం	ళ	స	వ	గ	గ	మ	ఉ	గ	ధ
ం	జ	ర	మ	గ	్	ర	హ	శ	క	ల	ం	ి	ద	బ	స
ఢ	ళ	ఠ	గ	గ	ఱ	్	హ	చ	ం	ద	్	ర	ు	డ	ు
క	హ	ర	ా	జ	హ	గ	ం	న	ె	బ	్	య	ు	ల	ా
గ	ా	బ	మ	ఉ	భ	ప	ర	ే	డ	ి	య	ే	ష	న	్
్	ష	స	ి	ర	ల	ఉ	్	అ	ఉ	భ	వ	డ	వ	డ	జ
ర	బ	ీ	్	హ	ఫ	్	గ	ఆ	క	ా	శ	ం	భ	త	ఞ
హ	హ	క	ప	మ	ష	ఠ	క	ఫ	ఒ	అ	చ	ఢ	అ	ప	ణ
ణ	ఉ	్	ప	ు	ో	ఞ	య	ా	ఖ	ఖ	ప	ఒ	ఒ	ణ	ఒ
ం	మ	ల	య	ఱ	ం	స	స	ూ	ప	ర	్	న	ో	వ	ా
స	ఫ	ా	ణ	ప	త	జ	్	ప	హ	వ	హ	ణ	త	ఖ	డ
ం	ఖ	ె	అ	బ	్	జ	ర	్	వ	ే	ట	ర	ీ	ఫ	జ
డ	డ	గ	ర	ా	క	ె	ట	్	శ	ఠ	య	డ	వ	ఖ	ళ

గ్రహశకలం
వ్యోమగామి
పుంజ
కాస్మోస్
భూమి
గ్రహణం
విషువత్
గెలాక్సీ
ఉల్కా
చంద్రుడు

నెబ్యులా
అబ్జర్వేటరీ
గ్రహం
రేడియేషన్
రాకెట్
ఉపగ్రహం
ఆకాశం
సౌర
సూపర్నోవా
రాశిచక్రం

39 - Health and Wellness #2

ఆ	న	ి	ర	ె	జ	ల	ీ	క	ర	ణ	ం	డ	బ	గ	ష
జ	స	చ	ల	ఈ	స	స	ఖ	ం	ఈ	ష	క	ల	భ	ణ	ఢ
న	శ	ు	బ	ణ	ప	ఠ	య	ల	ం	ో	క	శ	గ	య	య
ె	క	ద	ప	ఈ	ఇ	స	ఉ	బ	డ	ప	ల	య	ఖ	ఖ	ష
య	ె	ి	త	త	స	య	ఇ	ఈ	క	ా	ల	ా	ర	ీ	ర
ు	త	ం	ఒ	ఢ	ె	ళ	స	ష	గ	హ	క	డ	ె	ర	క
శ	ి	ె	ర	జ	ీ	ర	ె	ా	ల	అ	స	శ	క	య	ె
ా	ళ	ర	ఫ	ళ	ర	ద	ి	చ	ఖ	ధ	డ	ఒ	ో	జ	త
స	బ	మ	ఇ	న	ె	ఫ	ా	క	ె	ష	న	ె	ఫ	మ	ం
ె	చ	డ	గ	న	మ	ా	ర	క	య	గ	ె	ో	ర	ఆ	వ
త	డ	ఇ	ల	ె	గ	ా	ర	ం	భ	ె	ు	శ	ష	స	ె
ె	ధ	ద	ం	మ	చ	ద	ఆ	ి	ఈ	గ	జ	ఠ	వ	మ	య
ర	హ	శ	త	ి	ల	క	ఆ	హ	క	య	ణ	య	ళ	మ	ా
ం	చ	గ	ఠ	ట	ధ	ఈ	ఈ	ఢ	ా	వ	ు	ు	ర	బ	ధ
ఒ	త	ె	త	ి	డ	ి	ఠ	బ	ల	ర	ర	బ	ర	చ	ి
డ	ధ	చ	శ	వ	ఈ	త	క	మ	ణ	త	ం	ీ	ఒ	అ	ప

అలెర్జీ
ఫోకర్
ఆకలి
రక్తం
కెలోరీ
నిర్జలీకరణం
ఆహారం
వ్యాధి
శక్తి
జన్యుశాస్త్రం
ఆరోగ్యకరమైన
ఆసుపత్రి
శుభ్రంగా
ఇన్ఫెక్షన్
మర్దించు
పోషణ
రికవరీ
ఒత్తిడి
విటమిన్
బరువు

40 - Disease

ం	అ	ఒ	ద	అ	ల	ప	క	జ	త	య	స	ర	శ	వ	ప
వ	ల	ణ	త	న	ె	య	ా	ర	ో	ప	త	ి	ర	ె	ొ
చ	ర	య	ధ	ధ	వ	ు	మ	ీ	ణ	ు	ె	ళ	ీ	య	త
గ	ె	ఎ	త	మ	భ	ె	ఉ	న	అ	ా	క	జ	ర	ా	ె
డ	జ	హా	మ	ప	ణ	న	ప	మ	అ	వ	ి	భ	క	ధ	త
ఞ	ీ	ధ	ఢ	ు	ఠ	జ	గ	ె	ఒ	ం	ి	ం	ఢ	ి	ి
ళ	ల	ఢ	ష	ద	క	ల	ణ	ల	ఫ	త	చ	జ	అ	క	క
ప	ు	భ	ష	త	ష	ల	ఠ	ప	డ	ఠ	క	ా	ఖ	ా	డ
శ	ధ	శ	హా	భ	ీ	శ	ు	ర	య	ధ	ఞ	బ	డ	ర	ు
ఈ	ఠ	శ	మ	ప	ఫ	వ	ె	మ	ఢ	ఫ	ఞ	ి	గ	క	ప
ణ	గ	డ	అ	ఒ	గ	క	ె	వ	భ	శ	మ	త	ద	ఞ	ు
గ	ర	ా	వ	ం	త	ె	స	ర	ా	వ	ఫ	ా	మ	త	త
స	ి	ం	డ	ె	ర	ో	మ	ె	మ	స	ె	న	ై	స	క
మ	ఫ	ు	ఆ	ర	ో	గ	ె	య	ం	ై	క	అ	ళ	శ	ట
భ	బ	గ	ఉ	ఈ	ళ	ధ	య	వ	జ	హ	న	ో	క	శ	ి
బ	ా	క	ె	ట	ీ	ర	ి	య	ల	ె	క	బ	శ	ష	జ

ఫ్రాత్తకడుపు
తీవ్రమైన
అల్లర్జీలు
బాక్టీరియల్
శరీర
ఎముకలు
జన్యు
ఆరోగ్యం
గుండె
వారసత్వం
వాపు
కటి
న్యూరోపతి
వ్యాధికారక
పల్మనరీ
శ్వాసకోశ
సైనస్
సిండ్రోమ్
చికిత్స
జాబితా

41 - Time

ఒ	ష	డ	ష	స	ఒ	త	ఒ	ణ	గ	న	న	ె	ి	న	క
ల	ర	డ	వ	క	ం	య	ద	ఉ	ం	ే	గ	ల	శ	ి	ె
ఇ	చ	బ	ా	ఇ	హ	వ	ఈ	ఫ	ట	డ	అ	ద	గ	మ	య
ణ	ష	చ	ర	ద	య	ణ	త	ధ	ల	ు	ర	ఢ	డ	ి	ా
హ	ద	ు	ం	ు	మ	ఫ	ఖ	ె	ఠ	చ	ో	మ	ి	ష	ల
త	ె	వ	ర	ల	ో	ఈ	అ	ద	స	క	జ	ధ	య	ం	ా
ు	ఒ	ఢ	ష	ఢ	వ	ర	ష	క	భ	ర	ు	ె	ా	ల	ం
త	త	త	ద	ం	బ	ె	ా	శ	ద	క	ం	య	ర	ద	డ
ె	ఈ	ఖ	ం	ళ	ళ	డ	ప	త	బ	బ	ల	ా	ం	స	ర
య	య	ధ	గ	ం	అ	క	న	ఇ	ె	ద	క	హ	ఒ	ఈ	ె
ష	హ	ద	త	ధ	ఉ	ళ	ద	ా	ప	ర	ష	ె	వ	జ	ర
ె	ం	ఒ	ఠ	ఇ	బ	త	ర	ర	ల	మ	ి	న	వ	ష	ణ
ి	స	ఉ	ఈ	స	గ	ప	ల	ష	శ	మ	ర	ం	ఉ	ల	ష
వ	ఇ	ప	ె	ప	ు	డ	ు	ద	ం	బ	ె	ా	త	శ	శ
భ	ఒ	శ	చ	చ	ల	త	ఖ	గ	స	ఉ	ా	ళ	ం	చ	ఖ
ం	జ	ణ	త	య	ఒ	య	ఒ	త	అ	వ	వ	ఇ	గ	త	ప

వార్షిక
ముందు
క్యాలెండర్
శతాబ్దం
గడియారం
రోజు
దశాబ్దం
భవిష్యత్తు
గంట
నిమిషం

నెల
ఉదయం
రాత్రి
మధ్యాహ్నం
ఇప్పుడు
త్వరలో
నేడు
వారం
సంవత్సరం
నిన్న

42 - Buildings

క	జ	ఈ	అ	ష	ఒ	ద	య	ష	ఈ	మ	హ	స	స	హ	ఫ
ె	ల	స	డ	ఇ	హ	బ	మ	జ	ఢ	ఒ	ఈ	ష	ి	క	ె
య	ె	ె	ే	ఠ	జ	ణ	ధ	ఇ	బ	గ	ధ	ణ	న	ో	య
ా	ట	ర	ర	ధ	త	అ	జ	ం	హ	ణ	ఫ	త	ి	ట	ా
బ	ో	వ	ా	డ	ఆ	స	ు	ప	త	ె	ర	ి	మ	వ	క
ి	హ	ట	ఇ	ల	ె	ట	స	ె	ా	హ	వ	వ	ా	ె	ె
న	ద	జ	బ	ధ	జ	థ	ఒ	ె	ర	ళ	ఉ	ళ	ఒ	య	ట
ె	చ	హ	ప	ం	భ	ఫ	ే	ఖ	ట	గ	ణ	ఠ	డ	వ	ర
ణ	వ	స	ణ	ె	జ	డ	త	క	ద	ే	ల	శ	ఒ	స	ీ
ర	ీ	ట	వ	ే	ర	ె	జ	ె	బ	అ	డ	ష	ఉ	ా	హ
క	క	ర	ఇ	జ	ధ	య	ర	స	ఖ	స	వ	ి	బ	య	ా
థ	ి	య	ే	ట	ర	ె	ో	గ	ఇ	బ	అ	డ	య	స	స
మ	ె	య	ూ	జ	ి	య	ం	గ	ప	చ	ఢ	ఒ	య	ం	ె
జ	య	క	డ	ఖ	య	బ	ఒ	ల	శ	ా	ఠ	ా	ప	ఇ	ళ
వ	ర	ె	క	ె		ష	ా	ప	ె	ా	జ	ం	భ	స	ఖ
బ	ం	జ	ల	ఉ	ష	ధ	ర	హ	అ	ఈ	ల	ు	ె	ల	ఇ

హౌస్
క్యాబిన్
కోట
కేథడ్రల్
సినిమా
ఫ్యాక్టరీ
వ్యవసాయ
ఆసుపత్రి
హాస్టల్
హెూటల్
ఇల్లు
ప్రయోగశాల
మ్యూజియం
అబ్జర్వేటరీ
పాఠశాల
స్టేడియం
డేరా
థియేటర్
టవర్
వర్క్‌షాప్

43 - Philanthropy

ప	క	ా	ర	్	య	క	్	ర	మ	ా	ల	ు	ఉ	ం	మ
ర	ఒ	ణ	మ	ం	ధ	ణ	ష	ం	అ	హ	ఈ	శ	ద	భ	అ
ి	ఉ	ఫ	ఢ	ఉ	మ	ళ	హ	వ	ఈ	ద	అ	ల	ా	ధ	ఈ
చ	మ	త	స	ఈ	అ	ి	ఉ	క	ఒ	త	వ	చ	త	స	మ
య	క	ణ	ఒ	ఫ	క	ద	ష	త	ణ	ప	స	ఇ	్	ం	క
ా	స	ళ	శ	ళ	భ	త	స	న	ఒ	ఫ	ర	య	త	జ	క
ల	ు	హ	ా	ూ	మ	స	భ	ఖ	్	ల	ం	ం	త	భ	శ
ు	ఉ	త	య	చ	ర	ర	ఖ	ఒ	ల	ు	ల	ల	్	ి	ప
ం	జ	ల	ు	ల	ర	మ	బ	క	య	ధ	ర	ు	ప	ఫ	ప
గ	ద	ు	వ	ు	ఒ	ి	మ	అ	య	ు	ఇ	య	ణ	ష	ఇ
ఢ	ప	ళ	త	జ	మ	చ	త	ీ	య	ి	జ	ా	ి	న	డ
ద	ు	్	ద	ర	ఫ	ళ	అ	్	ఇ	న	డ	ష	భ	ఉ	ఢ
ప	జ	ా	ర	్	ప	శ	ఖ	య	ర	ళ	బ	్	స	భ	స
భ	ల	వ	శ	ప	ఈ	ల	ర	బ	ష	ఖ	త	్	హ	ఖ	చ
ం	ధ	స	ఘ	ం	ం	స	మ	ో	స	మ	ు	క	ఈ	భ	వ
డ	బ	ర	ఉ	డ	అ	చ	మ	ఫ	మ	హ	హ	ల	ద	హ	ఠ

సవాళ్లు
పిల్లలు
సంఘం
పరిచయాలు
రద్దు
నిధులు
ఉదాత్తత
ప్రపంచ
లక్ష్యాలు
సమూహాలు
చరిత్ర
నిజాయితీ
మోసము
మిషన్
అవసరం
ప్రజలు
కార్యక్రమాలు
ప్రజా
యువత

44 - Gardening

మ	గ	ఒ	గ	డ	క	ఖ	ణ	ష	ధ	ష	ప	ష	ప	మ	ఒ
ు	ు	బ	ొ	ఞ	ర	ఒ	శ	స	అ	ఠ	బ	స	శ	త	క
ర	త	అ	ట	ఢ	ఫ	వ	ణ	ం	ర	వ	త	ా	ా	వ	ం
ి	ె	న	ె	ళ	డ	చ	హ	జ	ు	భ	ఠ	ే	ఫ	మ	ప
క	త	ె	ట	స	చ	ఆ	భ	క	ీ	చ	క	ల	మ	ద	ో
ి	ి	య	ం	ఈ	త	భ	క	డ	న	శ	ఠ	వ	ఫ	డ	స
ఖ	త	ద	ల	ప	ఠ	ధ	ల	ు	ు	క	ఆ	ప	ర	హ	ె
శ	ం	ే	ప	ా	ల	డ	ఞ	ణ	త	జ	య	ం	ర	భ	ట
ఉ	శ	శ	ఉ	హ	అ	ధ	బ	చ	ి	ా	మ	డ	బ	జ	ె
బ	ొ	ట	ా	న	ి	క	ల	ె	న	త	శ	ె	అ	ా	ఢ
ఉ	ఉ	అ	ి	స	య	ఞ	ల	ఉ	ద	ు	చ	ల	ళ	డ	య
ధ	ఈ	స	య	ె	ఒ	ఠ	ఢ	స	గ	ల	ె	న	జ	ీ	స
శ	ఈ	చ	చ	ద	ట	ఒ	ఢ	య	ి	ు	ఈ	అ	మ	ఢ	క
బ	వ	చ	క	ఞ	చ	మ	ళ	గ	న	ధ	ఒ	ర	స	ఖ	బ
ఖ	బ	ద	ఞ	బ	ఈ	ళ	ధ	ల	ర	య	ం	ష	స	ం	ణ
అ	ణ	వ	ి	త	ె	త	న	ా	ల	ు	ఈ	య	స	ష	ప

బొటానికల్
గుత్తి
వాతావరణం
కంపోస్ట్
జాడీ
మురికి
తినదగిన
అన్యదేశ
పూల
ఆకులు
గొట్టం
ఆకు
తేమ
పండ్లు
సీజనల్
విత్తనాలు
మట్టి
జాతులు
నీరు

45 - Herbalism

చ	ప	శ	ప	ఈ	ప	వ	ఖ	ఒ	చ	ష	ఫ	ఒ	శ	చ	ఖ
ర	ో	జ	ె	మ	ే	ర	ీ	ప	ర	ప	ు	వ	ె	వ	ు
ం	ఫ	ఫ	వ	వ	ద	ఈ	య	ు	అ	ే	వ	ణ	డ	త	ప
జ	బ	ె	ద	ఢ	స	వ	ఠ	ద	ఠ	ధ	గ	ం	ు	స	ె
ో	ం	స	ల	ి	ద	వ	ఫ	ీ	క	స	ఫ	ా	ఫ	స	ర
ర	య	భ	ె	ే	న	ఫ	ల	న	గ	ి	ఒ	చ	న	భ	య
ె	అ	క	న	ప	వ	ు	ీ	ా	ం	ల	త	అ	న	ో	ో
ా	ఒ	ు	ై	హ	వ	ర	స	ఆ	క	ు	ప	చ	ె	చ	జ
మ	ఢ	ం	న	క	ం	ె	ె	ు	ా	త	వ	శ	ా	అ	న
ఈ	క	క	ె	ొ	మ	డ	ర	డ	ప	శ	ణ	ఢ	గ	ఠ	క
ల	వ	ు	ై	క	హ	వ	ె	ఫ	ప	జ	ఇ	శ	ర	మ	ర
ళ	ఠ	మ	ఫ	డ	ఒ	ై	ా	జ	ఖ	అ	ప	య	ఆ	ర	మ
భ	స	అ	మ	య	చ	ం	ప	జ	శ	అ	ప	జ	అ	ం	ై
ష	జ	ర	ప	ఠ	క	ా	గ	వ	వ	శ	భ	అ	వ	ఢ	న
ఒ	ఢ	చ	ఢ	వ	ళ	ల	ి	ల	ె	ల	ు	ల	ె	ై	వ
ఉ	ఖ	మ	ఢ	ఒ	ల	వ	చ	భ	త	ో	ట	ఠ	హ	ణ	గ

సుగంధ
తులసి
ప్రయోజనకరమైన
పాక
ఫెన్నెల్
ఫ్లవర్
పువ్వు
తోట
వెల్లుల్లి
ఆకుపచ్చ
దినుసు
లావెండర్
మార్జోరం
పుదీనా
ఒరేగానో
పార్స్లీ
మొక్క
రోజ్మేరీ
కుంకుమ
ఆరగాన్

46 - Vehicles

క	ర	బ	ఫ	శ	బ	మ	ణ	స	మ	ట	వ	మ	హా	జ	స
ా	శ	హ	శ	భ	హ	ో	ఈ	ఇ	న	ా	ి	స	ూ	ల	ె
ర	ష	ం	ద	చ	ఇ	ట	ఉ	ఈ	ె	క	మ	వ	ల	ా	క
ు	ధ	ర	బ	ా	హ	ర	ప	డ	వ	ె	ా	బ	ి	ం	ా
ఈ	గ	ఢ	ం	మ	ర	ె	ఠ	అ	ా	స	న	జ	క	త	ట
ర	ా	క	ూ	ట	ె	ి	ల	గ	ర	్	ం	స	ా	ర	ర
ె	శ	స	బ	ె	వ	ే	ప	బ	ా	ణ	ఉ	ై	ప	ె	ె
ట	డ	ఇ	శ	ళ	ఇ	ణ	క	డ	క	స	ఫ	క	ె	గ	హ
క	ఫ	ల	ఢ	ధ	త	జ	ట	ణ	వ	క	ల	ి	ట	ా	ఠ
ె	ద	య	ధ	భ	ప	ళ	ై	చ	ఫ	బ	జ	ల	ర	మ	చ
ర	స	ఫ	త	ప	ఇ	ప	ర	ఫ	డ	ర	స	ె	ె	ి	జ
ా	బ	ణ	బ	ద	ఉ	న	ె	జ	ి	ం	ఇ	ె	బ	శ	ఉ
ె	ళ	శ	స	ె	న	ె	ల	ూ	బ	ు	ం	అ	ష	చ	అ
ట	శ	ప	గ	హ	హ	త	ు	ం	త	ల	ా	ర	్	ఇ	స
జ	ద	ల	య	స	ఇ	ఢ	ఇ	ద	ఖ	డ	ఫ	వ	బ	ఢ	క
మ	స	ర	శ	ష	ద	ఫ	క	ణ	ద	ం	త	బ	ఒ	మ	గ

విమానం
అంబులెన్స్
సైకిల్
పడవ
బస్
కారు
కారవాన్
ఇంజిన్
రహదారి పడవ
హెలికాప్టర్
మోటర్
తెప్ప
రాకెట్
స్కూటర్
జలాంతర్గామి
సబ్వే
టాక్సీ
రైలు
ట్రాక్టర్
లారీ

47 - Health and Wellness #1

చ	స	శ	ర	జ	య	భ	భ	భ	మ	అ	ఢ	ఇ	అ	ం	ర
ల	త	ప	ఠ	మ	భ	య	య	ం	ా	గ	ల	ష	ధ	మ	చ
ఈ	ె	ు	ర	ప	మ	ప	ణ	ప	గ	ప	ఈ	వ	ల	ధ	ం
మ	క	స	ె	క	ె	ల	ు	ఫ	ె	ి	ర	క	ా	ణ	మ
ఔ	ి	ల	ఖ	త	ఒ	ఒ	ర	స	భ	ల	మ	ె	క	ట	స
ష	ి	ం	శ	ళ	ఎ	జ	ర	డ	స	క	గ	ర	ం	క	ు
ధ	చ	ఒ	వ	ై	ర	స	ె	ణ	ఉ	ఆ	హ	ి	డ	ె	బ
ం	డ	డ	ధ	బ	ప	గ	ు	ల	ు	అ	ా	య	ర	ల	ా
వ	ు		ద	ె	య	ు	డ	ు	జ	బ	ర	ా	ా	ి	క
చ	ర	ై	మ	ం	ఈ	ఖ	ఈ	క	ప	హ	ె	శ	ల	న	ె
స	ఒ	ఔ	ష	ధ	శ	ా	ల	ు	ఇ	అ	మ	ీ	ు	ి	ట
ల	డ	ఒ	స	ణ	ఒ	ం	ు	మ	వ	అ	ో	ల	ధ	క	ీ
ఫ	ష	ం	ద	మ	ఉ	ష	ు	ఎ	ల	ష	న	ధ	ళ	ె	ర
మ	డ	వ	డ	ద	ఇ	జ	మ	బ	ప	డ	ె	బ	య	ఢ	ి
చ	శ	ఇ	ద	త	ఠ	ద	ర	ప	స	శ	ల	ష	హ	శ	య
ల	అ	అ	గ	ఒ	బ	త	న	ఒ	గ	ఇ	ు	జ	ధ	స	ా

క్రియాశీల
బాక్టీరియా
ఎముకలు
క్లినిక్
వైద్యుడు
పగులు
అలవాటు
ఎత్తు
హార్మోన్లు
ఆకలి
గాయం
ఔషధం
కండరాలు
నరములు
ఔషధశాల
భంగిమ
రిఫ్లెక్స్
చర్మం
చికిత్స
వైరస్

48 - Town

స	ి	న	ి	మ	ా	క	మ	జ	ష	ళ	ఝ	ఢ	అ	ధ	ద
ర	ర	త	ళ	ణ	వ	ే	ె	ష	య	వ	మ	భ	శ	ర	వ
ీ	్	ం	స	ఱ	ద	ఫ	య	ం	ల	ధ	ా	ర	ం	ె	గ
క	వ	స	న	ఖ	ఉ	ె	ూ	బ	ఝ	గ	హ	ఝ	ఝ	ట	ష
ే	ి	ల	ె	ట	ో	హ	జ	గ	ె	ళ	వ	ం	బ	ో	జ
బ	మ	ప	ల	ట	ల	ళ	ి	ఖ	ల	య	జ	జ	య	ె	మ
స	ా	ూ	ూ	గ	ా	ధ	య	ష	చ	క	ా	ూ	చ	స	థ
ె	న	ల	్	ఝ	శ	ర	ం	చ	ర	ఖ	ష	ం	ఫ	ళ	ి
ట	ా	వ	స	ఝ	ధ	ప	్	అ	శ	ఝ	ఒ	గ	క	భ	య
ే	శ	ర	ద	ఖ	ష	అ	ా	ం	గ	క	హ	అ	ం	ు	ే
డ	ె	ె	ళ	ఝ	ఔ	వ	ఉ	ఠ	ట	య	జ	డ	ర	బ	ట
ి	ర	త	మ	య	ద	ఝ	మ	ఫ	శ	ె	ప	ప	మ	ప	ర
య	య	క	ె	న	ి	ల	ి	ె	క	ా	ఱ	క	ఒ	ఖ	ె
ం	ం	ు	డ	వ	ప	ఱ	ల	ష	ర	ీ	ల	య	ా	ె	గ
మ	ఖ	డ	ణ	వ	య	త	ర	వ	హ	స	య	ళ	డ	గ	చ
భ	ళ	ు	భ	హ	ళ	స	భ	చ	క	ఖ	ం	ధ	ఫ	ఢ	జ

విమానాశ్రయం
బేకరీ
బ్యాంకు
కేఫ్
సినిమా
క్లినిక్
పూల వర్తకుడు
గ్యాలరీ
హెూటల్
గ్రంధాలయం
సంత
మ్యూజియం
ఔషధశాల
రెస్టారెంట్
సెలూన్
పాఠశాల
స్టేడియం
స్టోర్
థియేటర్
జూ

49 - Antarctica

క	ళ	శ	ష	హ	ఋ	గ	మ	ర	డ	ర	ఇ	మ	ప	ళ	ద
శ	ణ	ఢ	వ	ి	చ	మ	ం	ర	ు	ీ	న	ఒ	ర	స	్
స	ఫ	గ	స	మ	క	ం	చ	ణ	క	ణ	ఉ	ఖ	్	స	వ
ఖ	ం	డ	ం	ా	ఠ	ల	ు	ష	ు	్	క	ప	య	్	ీ
మ	ం	ఉ	భ	న	ఫ	ు	య	క	ధ	ఋ	భ	బ	ా	థ	ప
ళ	మ	య	ర	ీ	య	ప	ఢ	్	శ	ణ	ౌ	బ	వ	ల	క
శ	ళ	మ	ణ	న	ర	ా	భ	ర	ో	ళ	గ	ర	ర	ా	ల
ళ	ఋ	ప	ఋ	ద	ీ	వ	ల	ి	ి	ం	ో	ా	ణ	క	్
అ	శ	హ	ఇ	ా	త	ీ	త	ర	ర	ష	ళ	క	ం	ృ	ప
య	జ	ఖ	త	ల	్	్	ణ	ప	ప	ం	ి	ీ	అ	త	ం
మ	ా	ఒ	భ	ు	స	ద	ఫ	ళ	ణ	య	క	గ	త	ి	అ
ఠ	ే	త	ర	గ	్	ణ	ో	్	ష	ఉ	ం	ల	ప	జ	ఫ
క	బ	ఘ	్	ఇ	ా	బ	వ	ల	స	ల	ళ	స	ం	మ	మ
ఉ	త	ఫ	ా	ర	శ	చ	ఖ	్	జ	ఒ	హ	క	ఋ	శ	ఖ
ఇ	హ	క	ఇ	ల	త	ఠ	ర	జ	ో	ఉ	డ	క	జ	క	త
జ	ఫ	ఢ	గ	భ	ు	ఠ	శ	ళ	ప	క	ప	అ	త	ల	ధ

బే
పక్షులు
మేఘాలు
పరిరక్షణ
ఖండం
కోవ్
పర్యావరణం
యాత్ర
భౌగోళికం
హిమానీనదాలు
మంచు
ద్వీపాలు
వలస
ద్వీపకల్పం
పరిశోధకుడు
రాకీ
శాస్త్రీయ
ఉష్ణోగ్రత
స్థలాకృతి
నీరు

50 - Fashion

హ	క	స	బ	ణ	స	ొ	గ	స	ై	న	అ	గ	ఇ	జ	ఉ
ఇ	త	ర	్	మ	న	త	ల	గ	య	డ	ళ	స	ఇ	హ	భ
ప	గ	స	ఖ	ల	ఠ	ల	ం	శ	ఢ	బ	ర	ల	ల	క	ఢ
స	ం	మ	ం	ధ	చ	ణ	డ	చ	ణ	క	జ	ు	ఫ	ు	ఒ
ఠ	య	ై	ద	మ	బ	క	ఠ	ణ	స	ల	ఖ	త	ఖ	య	జ
ప	ధ	న	డ	ర	ఉ	ఒ	ఢ	ల	స	మ	ర	ు	స	ణ	భ
ప	ం	న	బ	ో	ట	ి	క	్	ఢ	ూ	ీ	స	య	ప	గ
ణ	ల	భ	ే	చ	ట	ి	ప	ా	ద	ి	ద	్	ొ	క	మ
భ	ు	ఇ	క	త	జ	ఆ	ష	క	ూ	స	ై	ు	ణ	హ	హ
ణ	్	వ	ూ	స	బ	ధ	త	ఠ	వ	ం	న	ద	ల	వ	జ
ఒ	న	మ	ా	న	ా	ు	క	ొ	ల	త	ల	ు	ే	శ	బ
ధ	ట	ద	ఫ	జ	ఇ	న	ధ	ో	ర	ణ	ి	ఖ	స	ళ	ం
ష	బ	ష	ఉ	ఒ	అ	ి	శ	ై	ల	ి	ర	స	్	ద	క
క	డ	ఢ	త	ఠ	ఇ	క	మ	త	్	ా	ణ	ర	చ	ఆ	ఢ
ఎ	ం	బ	్	ర	ా	య	ి	డ	ర	ీ	ధ	ఒ	స	హ	ం
స	ౌ	క	ర	్	య	వ	ం	త	మ	ై	న	ఖ	ష	స	ప

సరసమైన
బోటిక్
బటన్లు
దుస్తులు
సౌకర్యవంతమైన
సొగసైన
ఎంబ్రాయిడరీ
ఖరీదైన
లేస్
కొలతలు
కొద్దిపాటి
ఆధునిక
నమ్రత
అసలు
నమూనా
ఆచరణాత్మక
శైలి
నేత
ధోరణి

51 - Human Body

ం	బ	బ	ధ	ఉ	ద	డ	ఠ	స	చ	మ	ం	ె	ర	చ	శ
శ	ధ	ర	చ	ల	ష	వ	ం	ష	ా	ో	ఖ	య	అ	య	ఇ
గ	డ	ె	డ	ం	వ	ళ	డ	మ	య	క	ు	క	ె	ు	మ
ఖ	ా	ం	ల	వ	బ	య	ా	ర	ె	ౌ	స	ఢ	ం	ష	క
ష	ం	త	బ	య	మ	వ	మ	ం	య	ల	ర	క	ె	త	ం
బ	ు	స	ఇ	భ	ో	వ	త	భ	ి	ు	ఖ	జ	ఇ	ం	హ
ఢ	గ	త	క	ఠ	చ	య	వ	జ	ష	భ	య	బ	ణ	ఉ	ఉ
న	హ	ఎ	ఇ	ం	ే	క	ళ	ే	మ	ు	ఖ	ం	అ	హ	శ
ో	య	ఖ	మ	డ	త	మ	ర	మ	ల	త	ఠ	ర	బ	చ	బ
ర	య	త	ళ	ు	ి	ఇ	క	ా	ు	ు	ఇ	శ	మ	స	చ
ు	భ	ు	జ	ం	క	బ	ఒ	ద	ౌ	చ	్క	ల	మ	ం	డ
క	జ	య	ఒ	ర	త	ల	ఒ	డ	క	భ	ఉ	ద	ఠ	ఈ	ఒ
అ	బ	వ	క	ం	ఫ	మ	ు	ు	త	ఇ	బ	ణ	ల	హ	ఇ
ం	ప	డ	ల	ద	గ	త	భ	ఢ	గ	మ	ద	చ	భ	య	శ
ఠ	ణ	ం	స	ళ	వ	ప	స	త	చ	ా	వ	ి	బ	అ	బ
క	ఒ	డ	ళ	శ	ష	ం	అ	జ	ఫ	ర	ఠ	బ	ణ	ణ	ష

చిలమండ
రక్తం
ఎముకలు
మెదడు
గడ్డం
చెవి
మోచేతి
ముఖం
వేలు
చెయ్యి

తల
గుండె
దవడ
మోకాలు
కాలు
నోరు
మెడ
ముక్కు
భుజం
చర్మం

52 - Musical Instruments

ఆ	ట	ో	స	ె	ష	ష	వ	ఉ	హ	ా	ర	ె	ప	ె	జ
ట	ె	ర	ో	ం	బ	ో	న	ె	ఠ	ఠ	ద	ల	ప	ఠ	ే
ట	ె	న	ూ	ర	ి	ల	ా	ె	క	స	ఊ	ద	ే	ఖ	గ
ఉ	ర	ె	ట	ా	ి	గ	ఫ	బ	మ	ఠ	ఒ	జ	ఠ	ల	ం
ఠ	బ	ల	గ	ప	హా	ం	ఈ	భ	ఒ	ర	ఉ	మ	అ	ధ	ట
బ	ఉ	ి	ఖ	ఫ	ి	ా	ణ	ణ	ఇ	భ	మ	ఠ	భ	ం	ె
భ	జ	డ	య	క	శ	య	ర	ఒ	ష	ఫ	బ	భ	ణ	ధ	ప
ఈ	ల	ో	ల	ె	ూ	స	ా	ె	ష	ఇ	ం	భ	ణ	ష	ూ
అ	వ	ం	ం	ణ	ర	ష	ల	న	మ	ఖ	ఢ	ఉ	మ	ద	ర
భ	గ	ా	బ	ా	క	ా	ఇ	ె	ో	ో	ఒ	ఫ	స	ళ	ం
భ	మ	మ	ూ	మ	బ	బ	ఇ	ల	చ	ఢ	న	ఢ	స	స	ె
ఢ	శ	భ	ం	డ	ె	ర	ం	ి	ఫ	గ	ఉ	ి	గ	వ	ట
త	శ	ఖ	ా	శ	ఉ	ఉ	వ	ో	ర	గ	ఇ	ఠ	క	భ	ఖ
ర	చ	హ	త	క	జ	య	చ	య	డ	చ	గ	ప	మ	ా	ఈ
క	మ	వ	ల	ణ	త	ఉ	జ	వ	ఢ	డ	భ	ర	ల	ల	త
ం	ధ	వ	ే	ణ	ు	వ	ు	ఇ	డ	వ	హ	ఉ	ఒ	డ	ఫ

బాంజో
ఊదే
సెల్లో
క్లారినెట్
డ్రం
వేణువు
జేగంట
గిటార్
హార్మోనికా
హార్ప్
మాండోలిన్
బాకా
పియానో
ఆటోస్
తాంబూలం
ట్రోంబోన్
ట్రంపెట్
వయోలిన్

53 - Fruit

బ	ళ	ద	శ	య	ష	మ	న	ి	మ	ె	మ	ద	క	శ	చ
ొ	య	శ	హ	ఈ	చ	ఠ	ం	ఠ	అ	ద	ా	ప	ఖ	బ	గ
ప	ద	ఈ	ఈ	ర	ఠ	వ	త	ష	ం	వ	జ	చ	బ	ఢ	ఖ
ె	ర	ఉ	ప	చ	మ	ఈ	స	ళ	బ	ి	ో	అ	ర	ద	భ
ప	ర	వ	ళ	చ	త	ఇ	డ	హ	ఢ	ి	డ	క	ఫ	అ	ఈ
ా	స	ఢ	బ	జ	ి	డ	ు	అ	ళ	క	స	ఉ	ా	భ	శ
య	క	ా	చ	చ	ె	ు	ప	ర	క	జ	క	ఫ	శ	డ	స
ి	మ	జ	ు	ద	త	ప	ం	ట	ఉ	మ	ళ	ష	ద	ఖ	ో
హ	చ	ణ	ీ	య	అ	ం	డ	ి	ఒ	ష	క	క	వ	ఒ	క
డ	ణ	శ	ప	ఫ	క	స	ు	ు	చ	్	ర	ె	ర	ీ	ొ
ణ	ఆ	ప	ి	ల	ె	ా	ర	ఇ	ం	జ	ీ	ర	ఆ	ళ	బ
ల	చ	ధ	ళ	హ	హ	న	ే	స	చ	ప	ర	ా	ర	మ	ె
అ	ఉ	ల	ల	య	బ	అ	ే	మ	త	ఈ	ె	ె	్	ఉ	బ
ధ	ా	న	ె	య	మ	ు	న	ర	క	ద	్	ద	ం	శ	ర
ఈ	బ	మ	ా	మ	ి	డ	ి	ళ	ఠ	క	బ	ం	జ	స	ి
చ	ద	డ	ళ	ల	శ	య	ఖ	జ	ప	ఢ	క	య	ె	ఠ	జ

ఆపిల్
నేరేడు పండు
అవోకాడో
అరటి
బెర్రీ
చెర్రీ
కొబ్బరి
అత్తి
ద్రాక్ష
జామ
కివి
నిమ్మ
మామిడి
పుచ్చకాయ
పండు
ఆరెంజ్
బొప్పాయి
పీచు
ధాన్యము
అనాస పండు

54 - Engineering

ల	ు	ర	ె	ే	గ	ధ	డ	స	ఠ	చ	ర	హ	ఞ	డ	శ
ె	ి	ఫ	ళ	ఞ	ర	ం	త	ె	చ	ి	ఖ	ా	ే	ర	క
జ	అ	క	భ	శ	భ	భ	ఞ	థ	అ	ఢ	ఖ	హ	మ	భ	ె
ి	ం	క	ె	ష	ప	శ	ఞ	ి	ఞ	ఫ	ర	క	స	అ	త
ీ	ణ	ష	ె	వ	ల	ష	భ	ర	ె	ట	ో	మ	గ	న	ి
డ	జ	ఠ	ప	ష	ి	హ	గ	త	గ	ఢ	ధ	ధ	ఢ	ి	ఢ
భ	ళ	భ	ఒ	ఈ	ం	డ	న	ె	ణ	ణ	ం	ో	క	ర	ఢ
జ	ల	ద	స	ం	య	ా	ె	వ	హ	ీ	న	వ	ఞ	ె	ఫ
స	ఠ	చ	ప	ర	ద	అ	ష	ం	ధ	ప	శ	చ	ప	మ	చ
ఒ	డ	చ	ల	ళ	ఢ	ఇ	ల	ర	క	ి	అ	అ	త	ా	ల
ఖ	క	ల	ో	త	ు	ం	ె	ల	చ	ం	ఢ	త	భ	ణ	గ
ఠ	గ	ు	మ	ల	బ	జ	ప	ఫ	ఠ	ప	గ	డ	శ	ం	అ
ద	క	త	ఉ	ౌ	ం	ి	ర	ం	త	ె	ం	య	ఠ	చ	ఖ
ఠ	ణ	ల	ఞ	క	ం	న	ౌ	వ	ప	ఞ	భ	ణ	ప	ఠ	ద
క	ఫ	ౌ	ఈ	భ	అ	ె	ె	ర	ఫ	ష	ధ	ఫ	ల	మ	మ
ష	బ	క	ద	అ	ళ	ల	ప	ధ	ఞ	ఫ	భ	స	ఞ	ప	వ

కోణం
అక్షం
గణన
నిర్మాణం
లోతు
రేఖాచిత్రం
వ్యాసం
డీజిల్
కొలతలు
పంపిణీ
శక్తి
ఇంజిన్
గేర్లు
లిక్విడ్
యంత్రం
కొలత
మోటర్
ప్రొపల్షన్
స్థిరత్వం
బలము

55 - Kitchen

ష	ఉ	ళ	శ	య	డ	ధ	అ	ఈ	వ	ఖ	ఞ	ళ	ఒ	ఢ	క
ల	ర	ఉ	ఒ	అ	డ	ఠ	ద	ఈ	ఒ	ల	భ	వ	శ	వ	జ
ర	ం	ఢ	హా	ణ	భ	ధ	ఫ	ఠ	ఖ	జ	హా	చ	గ	ఢ	త
ఫ	్	ర	ీ	జ	ర	్	ల	ు	న	్	ప	ా	్	స	అ
ఉ	గ	ం	ఉ	ర	ఈ	జ	ు	గ	ఞ	చ	హా	య	ర	త	ల
స	జ	ా	ఞ	య	ఢ	క	త	ల	ి	ర	ు	మ	ా	ల	ు
ఢ	క	హా	న	చ	ా	స	ు	ణ	ప	న	ం	బ	ప	ఠ	ప
ల	ి	ఆ	్	ణ	ల	ర	్	ా	జ	ొ	్	ణ	ఢ	ఫ	ు
ణ	న	ఠ	ర	ఉ	ర	ల	త	ప	ద	ఖ	య	న	ప	చ	్
ఠ	ి	ం	ా	గ	ఞ	బ	క	శ	ా	ద	య	్	ె	ట	ప
ళ	డ	ల	్	ట	ి	ె	క	ధ	ఠ	ం	హా	ద	య	ె	క
స	ా	ల	ప	ప	చ	ఠ	హా	భ	ఢ	ఫ	జ	ప	ఉ	ి	మ
వ	న	ద	అ	ప	గ	శ	ఠ	స	ణ	అ	డ	్	ధ	ర	ఖ
ర	ి	ఫ	్	ర	ి	జ	ి	ర	ే	ట	ర	్	ఈ	గ	ధ
చ	త	భ	బ	ధ	ఢ	డ	ఒ	స	వ	బ	ధ	అ	ఞ	డ	ళ
గ	్	ర	ి	ల	్	ఒ	ప	ళ	త	చ	ఫ	ఫ	ఫ	ఢ	ఒ

అప్రాన్
గిన్నె
కప్పులు
ఆహారం
ఫ్రీజర్
గ్రిల్
జార్
జగ్
కెటిల్
కత్తులు
గరిటె
రుమాలు
పొయ్యి
సూచన
రిఫ్రిజిరేటర్
స్పాంజ్
స్పూన్లు
తినడానికి

56 - Government

ఠ	న	త	ం	చ	ణ	అ	స	ళ	య	ఒ	బ	ప	క	ఒ	గ
ఒ	మ	ఇ	న	ట	ధ	ల	్	వ	ి	ి	స	భ	గ	భ	గ
ఢ	ై	వ	ం	్	అ	ఫ	వ	స	మ	త	శ	శ	ం	ే	ద
ధ	ల	ం	హా	ట	ప	జ	ా	చ	్	స	ప	ళ	య	య	ళ
త	మ	త	్	ం	్	య	త	ర	త	వ	ఒ	ధ	ా	డ	ర
చ	ర	్	చ	ద	ర	భ	ం	ళ	బ	ష	ే	ప	ం	క	ా
ర	్	న	ి	వ	స	డ	త	ద	శ	ధ	య	చ	జ	క	ష
ా	ి	ా	క	వ	ం	ు	్	ఇ	ప	ర	శ	ఇ	్	ధ	్
జ	న	మ	ర	య	గ	క	ర	త	ధ	ల	భ	ం	ా	ఛ	ట
క	ల	స	మ	ఉ	ం	ు	్	ఖ	ఢ	ద	ం	ర	ర	ణ	్
ీ	అ	శ	ా	బ	ఠ	య	య	చ	ి	హా	్	న	ం	ఢ	ర
య	వ	శ	్	గ	ల	ా	ం	డ	ళ	న	జ	య	మ	ష	ం
ా	ధ	ఇ	స	ద	ఒ	న	ఇ	య	హా	ష	్	క	ల	ఒ	హా
ల	ర	స	ళ	ళ	ఫ	ఖ	క	హా	ా	ఢ	ష	య	ధ	జ	భ
ు	బ	క	ఇ	ం	ప	ౌ	ర	స	త	్	వ	ం	ా	ప	ధ
జ	ి	ల	్	ల	ా	ష	ఒ	గ	ఈ	య	న	ఢ	ఇ	య	ర

పౌరసత్వం
సివిల్
రాజ్యాంగం
చర్చ
జిల్లా
సమానత్వం
స్వాతంత్ర్యం
న్యాయ
న్యాయం
చట్టం

నాయకుడు
స్వేచ్ఛ
స్మారక చిహ్నం
దేశం
నిర్మలమైన
రాజకీయాలు
ప్రసంగం
రాష్ట్రం
చిహ్నం

57 - Art Supplies

ఞ	ఖ	ఠ	ఠ	జ	ఞ	స	అ	క	బ	త	ద	అ	ఞ	స	ప
ల	బ	ధ	స	ఢ	స	ృ	జ	న	ా	త	్	మ	క	త	ప
య	ా	క	్	ర	ి	ల	ి	క	్	ధ	గ	శ	ట	ఖ	ఞ
స	ం	ు	ల	ద	ం	ళ	ల	ఢ	య	శ	ద	జ	ి	ఠ	ఫ
ల	చ	ం	్	వ	భ	ం	ఠ	్	ప	ధ	అ	ం	్	ఞ	డ
ళ	ం	ఇ	స	ష	అ	ఉ	ష	ణ	బ	ఒ	ధ	జ	ట	చ	ఫ
త	ం	గ	ి	ా	క	ఢ	య	క	ష	ల	ర	అ	ప	ధ	జ
ఈ	భ	య	న	క	ె	మ	ె	ర	ా	గ	ు	గ	్	ొ	బ
ఆ	ల	ఉ	్	ఠ	ళ	ఖ	ళ	వ	న	య	బ	ా	ఠ	ట	ఫ
ర	ల	ఢ	ె	బ	ం	క	య	హ	ీ	ఈ	్	శ	వ	ి	బ
ు	ం	ో	ప	చ	త	ఖ	శ	జ	ర	చ	బ	క	మ	ట	ఖ
ు	చ	గ	చ	ీ	ర	్	ు	క	ు	ద	ర	ర	ల	్	ఏ
మ	ధ	అ	ు	న	ప	ఈ	జ	ఈ	హ	ఉ	ప	అ	య	మ	అ
చ	ణ	ఢ	బ	ల	ల	ు		ష	్	ర	్	బ	ష	క	ఒ
శ	హ	ళ	చ	ం	ు	ు	ష	ఒ	య	బ	జ	ఉ	వ	ం	భ
ఞ	య	ప	భ	ఖ	భ	బ	డ	ఉ	క	ప	ధ	జ	భ	బ	శ

యాక్రిలిక్
బ్రష్‌లు
కెమెరా
కుర్చీ
బొగ్గు
బంకమట్టి
రంగులు
సృజనాత్మకత
ఏటవాలు బల్ల
రబ్బరు
బంక
ఆలోచనలు
ఇంకు
చమురు
కాగితం
పెన్సిల్స్
పట్టిక
నీరు

58 - Science Fiction

ష	మ	ల	శ	య	ప	ద	ఢ	ఢ	స	ష	ల	ప	క	ఠ	ఒ
వ	శ	ు	జ	ా	క	ే	ఈ	ల	ల	జ	త	ల	ఠ	ర	ప
భ	ఫ	ట	త	ప	గ	ల	ల	ు	క	ా	త	స	ె	ు	ప
అ	గ	ె	న	ి	జ	ఉ	ష	ు	అ	గ	ె	ర	హ	ం	ణ
వ	హ	బ	ధ	ట	ర	స	ల	ఫ	డ	ఒ	వ	భ	ఊ	ఉ	డ
భ	గ	ో	ర	ో	ం	ా	భ	ఢ	ఢ	ు	ఉ	వ	హ	య	జ
క	ఒ	ో	మ	స	జ	ఈ	ం	ఫ	ం	ప	ఒ	ి	ా	మ	అ
క	చ	ర	స	ె	ష	వ	శ	ె	ప	ె	ర	ష	త	స	ద
ల	య	ా	ప	ి	ట	ో	ు	య	భ	ర	ా	ె	ె	గ	ె
ద	క	య	బ	డ	ఒ	డ	గ	ష	త	ప	క	య	మ	ూ	భ
ద	హ	ర	మ	ూ	ౖ	న	ధ	ష	ప	ం	ి	త	క	ల	ు
మ	ర	ె	మ	మ	ై	న	ప	ఠ	క	చ	ల	ె	ఫ	ా	త
స	ా	ం	క	ే	త	ి	క	ం	ఝ	ం	ె	ణ	ద	క	మ
మ	స	ి	న	ి	మ	ా	ప	ర	మ	ా	ణ	ు	ష	ె	ై
ర	స	ా	య	న	ా	ల	ు	ద	య	ష	శ	వ	ర	స	న
ల	జ	శ	ప	బ	ఈ	ణ	డ	ఒ	ఝ	ఒ	మ	అ	ర	ీ	ఫ

పరమాణు
పుస్తకాలు
రసాయనాలు
సినిమా
దూరమైన
డిస్టోపియా
పేలుడు
అద్భుతమైన
అగ్ని
భవిష్యత్

గెలాక్సీ
భ్రాంతి
ఊహాత్మక
మర్మమైన
ఒరాకిల్
గ్రహం
రోబోట్లు
సాంకేతికం
యుటోపియా
ప్రపంచం

59 - Geometry

ష	మ	గ	డ	ణ	న	ి	ష	ె	ప	త	ె	త	ి	త	ర
ఫ	య	ణ	ణ	ం	ర	క	ీ	మ	స	య	ం	ం	ఉ	ర	ణ
శ	ప	ఫ	ం	న	ఖ	ఞ	ఉ	ఉ	ం	ష	భ	బ	ల	ె	స
ణ	ష	ల	ో	ళ	ల	ఈ	ణ	భ	య	ఈ	ం	గ	మ	క	ి
హ	గ	ద	క	వ	త	స	డ	ఉ	ా	జ	శ	డ	ఞ	ం	ద
భ	ఫ	చ	ఞ	ధ	ఢ	ధ	ద	ఠ	ె	స	క	ఖ	ఉ	ద	ె
హ	డ	స	ష	మ	త	భ	ళ	స	వ	ు	ల	ు	ి	న	ధ
ఒ	ణ	అ	మ	జ	ఈ	గ	జ	స	ల	ప	శ	చ	ఞ	ప	ా
చ	ల	చ	గ	ా	ల	చ	ం	ూ	ణ	ు	ట	గ	స	ు	ం
క	శ	మ	ళ	య	ం	బ	భ	గ	వ	ృ	త	ె	త	ం	త
త	య	ధ	జ	ఖ	త	త	ు	ె	త	ఎ	ప	ల	ధ	వ	ం
భ	మ	ా	స	ె	ి	ఞ	ర	మ	ఈ	ల	ౌ	అ	ొ	ణ	వ
బ	ప	స	ద	ం	ర	త	ి	ూ	ల	బ	ర	మ	ఒ	క	ప
ర	ఢ	బ	శ	స	ప	ష	ె	ం	బ	ళ	మ	స	ద	ళ	క
ద	ఈ	ళ	ధ	ఞ	ఉ	ం	త	ట	ప	హ	స	య	ద	ద	స
ఉ	ఫ	భ	ణ	మ	ఖ	డ	ళ	ె	వ	భ	ం	క	భ	ఉ	ర

కోణం
గణన
వృత్తం
వంపు
వ్యాసం
కొలతలు
సమీకరణం
ఎత్తు
తర్కం
మాస్
సగటు
సంఖ్య
సమాంతర
నిష్పత్తి
సెగ్మెంట్
ఉపరితలం
సమరూపత
సిద్ధాంతం
త్రిభుజం
నిలువు

60 - Airplanes

ఇ	ం	ధ	న	ం	భ	మ	జ	బ	త	ర	ప	ద	ర	ప	స
గ	బ	ద	త	ధ	మ	ర	ా	ప	క	ల	్	ప	న	్	ా
ా	ఉ	ె	ఫ	ధ	ప	ఆ	క	ా	శ	ం	ల	ద	ళ	ర	హ
ల	త	గ	ల	ఎ	త	్	త	ు	భ	ల	ఒ	ి	గ	య	స
ి	ధ	ఠ	అ	ా	ఖ	మ	హ	ష	భ	గ	ఞ	శ	స	ా	ం
ద	హ	ళ	ఠ	జ	న	ఈ	ై	ణ	ర	ద	ణ	ప	స	ణ	ఞ
స	ం	త	త	ి	భ	్	డ	మ	భ	క	య	భ	శ	ీ	క
ఒ	బ	జ	ద	ద	ఒ	శ	్	ణ	ణ	ఒ	త	అ	ఈ	క	మ
భ	ణ	వ	ధ	భ	గ	బ	ర	ఇ	ం	జ	ి	న	్	ు	అ
శ	భ	ఫ	భ	బ	ఠ	శ	ో	ఈ	ర	మ	డ	ష	శ	డ	హ
ల	స	ఈ	ధ	య	ర	ఞ	జ	భ	వ	ఞ	ా	ఫ	ల	ు	ఫ
శ	ఢ	త	య	ఖ	క	ష	న	ర	త	్	ి	ర	చ	ఢ	స
త	ల	గ	డ	శ	ం	ఞ	్	మ	ా	య	అ	ఞ	్	భ	ష
ఉ	బ	ర	ఈ	ఈ	ధ	గ	చ	జ	ా	ద	అ	క	య	ి	ఈ
స	ి	బ	్	బ	ం	ద	ి	ల	వ	ు	ే	ర	బ	చ	న
అ	ల	్	ల	క	ల	్	ల	ో	ల	ం	వ	క	ధ	ఫ	ర

సాహసం
గాలి
వాతావరణం
బెలూన్
నిర్మాణం
సిబ్బంది
సంతతి
రూపకల్పన
దిశ
ఇంజిన్
ఇంధనం
ఎత్తు
చరిత్ర
హైడ్రోజన్
రేవు
ప్రయాణీకుడు
ఆకాశం
అల్లకల్లోలం

61 - Ocean

ర	స	ం	త	ధ	డ	ర	ర	ె	ట	స	ె	ి	య	ఆ	ఢ
ఠ	ీ	ె	ీ	ల	ఈ	య	ష	జ	హ	మ	వ	ఉ	ష	క	వ
జ	శ	ఫ	ప	ే	చ	ప	చ	ే	గ	ు	ు	ల	మ	ె	ఆ
క	ె	ర	ె	ా	ష	శ	ఠ	ళ	ష	ద	ప	స	డ	ట	ల
బ	శ	ఢ	ఢ	మ	ం	ప	ణ	త	డ	ె	డ	ఫ	డ	ో	ె
త	డ	వ	ఖ	హ	హ	జ	ఈ	డ	ఠ	ర	గ	జ	డ	ప	గ
వ	హ	ఢ	ఈ	ఉ	గ	హ	ె	వ	ర	ప	ప	ఈ	ళ	స	ే
ఇ	డ	త	ళ	హ	అ	ధ	బ	ష	ం	ు	ల	ల	అ	ె	ఫ
డ	ా	ల	ె	ఫ	ి	న	ె	జ	ర	ప	ఢ	గ	ం	హ	ఫ
ర	ఢ	ఒ	బ	ఢ	ప	ు	ె	ప	ఉ	ా	మ	ప	బ	ఇ	ఠ
అ	ొ	ళ	ఒ	ర	స	ఫ	ఖ	ణ	అ	చ	ఢ	ఠ	భ	క	మ
న	ా	య	ా	ె	ట	ా	శ	ఢ	త	ి	జ	మ	ఒ	ం	ణ
ఖ	మ	క	ె	మ	య	ు	ఖ	ఇ	క	త	ఉ	ఇ	హ	ం	ల
క	డ	ఉ	ర	య	శ	త	త	ా	బ	ే	ల	ు	హ	ద	మ
హ	ష	ె	ఫ	ి	ల	ీ	ల	ె	ా	జ	బ	మ	ఖ	స	ఈ
శ	శ	మ	ధ	య	ఒ	ు	త	ి	మ	ి	ం	గ	ల	ం	ణ

ఆల్గే
పగడపు
పీత
డాల్ఫిన్
మలుగు చేప
చేప
జెల్లీ ఫిష్
ఆక్టోపస్
ఆయిస్టర్
రీఫ్
ఉప్పు
సముద్రపు పాచి
షార్క్
రొయ్యలు
స్పాంజ్
తుఫాను
ట్యూనా
తాబేలు
అలలు
తిమింగలం

62 - Birds

గ	క	న	క	ొ	ం	గ	జ	చ	ధ	ఠ	చ	ం	ప	ఒ	ఫ
ే	ు	ల	ి	మ	ె	న	ఠ	ి	ణ	త	స	ప	క	శ	ల
డ	ళ	డ	స	ప	ఉ	ఢ	ప	క	చ	ు	చ	్	ి	ప	ఒ
ం	త	ఠ	్	ప	్	త	మ	ె	క	ా	క	ి	య	జ	ఒ
ఇ	స	గ	ూ	డ	ె	ప	చ	న	మ	బ	చ	అ	భ	వ	డ
ద	్	ల	గ	ణ	ు	ం	ు	్	అ	ఢ	మ	ఫ	ర	అ	ఈ
చ	వ	క	శ	ఉ	వ	ణ	గ	క	ధ	మ	ఖ	య	త	ఫ	ల
ఈ	ా	ి	ఒ	ఒ	క	ఫ	డ	్	ో	చ	ఢ	ద	ళ	హ	ఢ
ం	న	ో	ట	ౌ	క	ా	న	్	వ	డ	స	వ	ల	ె	ఉ
ఉ	్	క	ధ	ర	జ	ఖ	ద	త	భ	ి	ి	ఇ	ళ	ర	అ
గ	క	క	వ	ఠ	క	మ	స	ఒ	ఖ	ళ	న	ఢ	ఇ	ా	భ
త	స	హ	ం	జ	ా	ర	జ	స	ష	ధ	ఢ	్	ష	న	ల
అ	ష	ఉ	ప	మ	న	్	క	ా	ల	ి	ె	ప	ధ	్	ద
స	ఈ	య	క	బ	ర	ఇ	ధ	ఢ	జ	మ	డ	ధ	క	ద	జ
చ	ి	ల	ు	క	ీ	ల	ం	భ	ష	ష	ల	హ	ఇ	ర	క
ప	మ	ణ	ధ	స	ర	హ	అ	బ	శ	మ	ద	ఢ	హ	ఖ	జ

కానరి
చికెన్
కాకి
కోకిల
బాతు
డేగ
గుడ్లు
రాజహంస
గూస్
గల్
హెరాన్
నిప్పుకోడి
చిలుక
నెమలి
పెలికాన్
పెంగ్విన్
పిచ్చుక
కొంగ
స్వాన్
టౌకాన్

63 - Nutrition

వ	ు	ు	ర	బ	హ	బ	మ	ఇ	య	బ	ఇ	వ	హ	ళ	ట
అ	ి	ల	క	ఆ	ణ	వ	ం	మ	ధ	స	ా	స	్	భ	ా
ల	క	ట	చ	త	హ	ప	డ	బ	ద	స	ర	అ	అ	ఉ	క
వ	ి	ద	మ	క	ే	ల	ర	ీ	ల	ు	క	ద	ఖ	జ	్
ా	ణ	్	ఆ	ి	ఆ	హ	ా	ర	ం	చ	ే	అ	ర	ీ	స
ట	్	ర	ర	భ	న	గ	ి	ద	న	ి	త	చ	ల	ర	ి
్	వ	వ	ో	క	మ	్	ఎ	ం	ప	ి	క	ల	ు	్	న
ల	ప	ా	గ	ర	్ర	ఉ	గ	ఖ	అ	ఠ	ఈ	ఫ	హ	ణ	్
ు	్	ల	్	ఒ	ర	్	వ	ల	ే	్	ఫ	ళ	య	క	ర
ఈ	ర	ు	య	స	క	స	న	ా	ణ	్	య	త	చ	్	స
ఇ	క	క	ం	భ	య	క	ం	ష	ో	ప	జ	గ	ఠ	ర	బ
ధ	్	ఢ	ఒ	ఠ	గ	ధ	ఫ	త	ప	స	ఉ	శ	శ	ి	ఢ
స	ర	ళ	ఉ	ఒ	్	ఢ	ఢ	ణ	ు	ళ	ఉ	ఖ	ఇ	య	ఒ
ణ	ి	క	ప	య	ో	భ	ఠ	ఠ	ం	ల	ప	జ	ర	జ	ణ
య	య	అ	స	ద	ర	డ	ఫ	ప	ం	మ	న	శ	ఠ	గ	స
ఖ	ద	అ	ఇ	ధ	ఆ	ం	ఇ	క	ఉ	ధ	ఉ	ం	ష	వ	హ

ఆకలి
సంతులనం
చేదు
కేలరీలు
ఎంపికలు
ఆహారం
జీర్ణక్రియ
తినదగిన
కిణ్వప్రక్రియ
ఫ్లేవర్

అలవాట్లు
ఆరోగ్యం
ఆరోగ్యకరమైన
ద్రవాలు
పోషకం
నాణ్యత
సాస్
టాక్సిన్
విటమిన్
బరువు

64 - Professions #1

స	ు	ె	ర	న	ం	గ	న	త	ష	ఒ	ర	య	య	భ	ం
గ	ం	హ	డ	ు	య	ు	ద	ె	ౖ	ా	వ	బ	ఉ	మ	గ
శ	ళ	గ	ో	ూ	భ	గ	ష	భ	య	ఠ	ర	ర	య	గ	డ
ా	ఫ	ా	ీ	బ	ఱ	ర	ె	క	య	ా	ం	ె	బ	స	జ
స	ప	డ	బ	త	ఖ	అ	ర	ఞ	ధ	ష	య	ల	చ	ద	ద
ె	న	ు	ప	ఱ	క	య	శ	య	ల	ప	గ	వ	జ	ఫ	ద
త	ా	ధ	ర	ి	బ	ా	య	ా	ర	ధ	త	ా	ా	ల	త
ె	వ	ు	ె	వ	య	ఱ	ర	ఒ	ఞ	ఖ	య	య	ష	ద	వ
ర	ి	య	ట	ే	ఢ	ా	ళ	ు	అ	ప	ప	ు	ఉ	ళ	ి
వ	క	ో	ి	ట	ఉ	అ	న	ఒ	డ	న	ర	ె	త	క	ి
ే	ు	న	డ	గ	ష	ధ	ష	ి	ం	ు	ఢ	జ	హ	ర	గ
త	డ	ి	ఎ	ా	ఒ	జ	మ	ం	స	ఞ	ళ	హ	జ	త	డ
ె	ు	ె	గ	డ	ధ	అ	భ	జ	ీ	ె	ర	ద	త	గ	ణ
త	ద	గ	త	ు	భ	ఢ	డ	ఠ	బ	భ	ట	ఱ	జ	జ	క
ల	ణ	అ	ప	ె	ల	ం	బ	ర	ె	జ	ఢ	ె	శ	త	ఖ
క	ా	ర	ె	ట	ో	గ	ె	ర	ా	ఫ	ర	ె	త	క	ళ

రాయబారి
న్యాయవాది
బ్యాంకర్
కార్టోగ్రాఫర్
నర్తకి
వైద్యుడు
ఎడిటర్
అగ్నియోధుడుగా
భూగోళ
వేటగాడు
జ్యువెలర్
సంగీతకారుడు
నర్సు
పియానిస్ట్
ప్లంబర్
నావికుడు
శాస్త్రవేత్త
దర్జీ

65 - Barbecues

డ	స	ఞ	భ	గ	బ	స	ె	డ	ె	ా	ల	స	ర	ఉ	ప
ి	ె	ఠ	స	య	ఠ	ా	చ	వ	ఢ	త	ఠ	ఖ	అ	ల	ం
న	న	మ	ద	మ	జ	స	ఫ	ం	అ	ఉ	ఠ	గ	ం	ె	డ
ె	ే	ల	ు	త	ు	ె	త	క	య	ళ	చ	ె	ం	ల	ు
న	హ	ు	ఖ	అ	గ	అ	త	య	మ	ఒ	ఢ	ర	ర	ి	గ
ర	ి	య	డ	ద	గ	మ	ఠ	ళ	ఈ	ప	డ	ి	మ	ప	ఫ
ె	త	గ	ఞ	ఖ	ఠ	ప	స	న	య	ప	ఫ	ల	య	ా	గ
అ	ు	ా	ళ	ష	య	ప	ు	ె	ప	ఉ	శ	ె	ఢ	య	శ
మ	ల	ర	వ	ం	ద	ి	ల	క	ఆ	గ	వ	భ	ఢ	ల	గ
భ	ు	ా	ఉ	ల	ఉ	ల	ట	ా	బ	ఈ	వ	బ	జ	ు	ప
ం	ఉ	క	ం	గ	స	ె	ఆ	ి	క	ు	ట	ు	ం	బ	ం
ఠ	ధ	ఢ	క	ఢ	ం	ల	ఢ	చ	ఒ	గ	వ	ే	డ	ి	ఒ
ఈ	ఢ	మ	ర	ష	గ	ల	శ	ఒ	వ	ఖ	హ	ర	ప	డ	ం
ఆ	హ	ా	ర	ం	ీ	ు	వ	ే	స	వ	ి	ఫ	ద	చ	మ
ణ	ళ	హ	ర	ఖ	త	త	ష	హ	భ	మ	హ	చ	క	ష	ఈ
ర	ణ	ఢ	డ	బ	ం	స	ం	ఈ	ం	గ	ఠ	ఒ	ఖ	స	చ

చికెన్
పిల్లలు
డిన్నర్
కుటుంబం
ఆహారం
స్నేహితులు
పండు
ఆటలు
గ్రిల్
వేడి
ఆకలి
కత్తులు
లంచ్
సంగీతం
ఉల్లిపాయలు
సలాడ్స్
ఉప్పు
సాస్
వేసవి
కూరగాయలు

66 - Chocolate

చ	త	ళ	ఉ	జ	వ	బ	ష	ళ	బ	త	ద	అ	భ	ర	చ
ణ	ఠ	ీ	ధ	ధ	భ	ఉ	ఉ	శ	గ	స	్ర	ర	హా	ు	ే
ఫ	ళ	భ	ప	ఉ	క	ష	ళ	డ	ర	స	అ	ష	ర	చ	ద
య	ర	గ	ర	ి	బ	బ	ె	ూ	క	ు	ధ	ధ	ె	ి	ు
ఉ	ఉ	ప	మ	త	క	ర	ప	త	మ	న	స	ా	వ	ణ	ఫ
అ	న	ె	య	ద	ే	శ	ూ	ి	ల	ు	ర	ీ	ల	ే	క
గ	చ	ష	ణ	చ	భ	స	డ	న	చ	ి	శ	ద	ే	ద	న
ష	ా	చ	చ	వ	ర	ళ	ి	డ	ప	ద	ఢ	క	ె	శ	ా
త	స	జ	శ	ఈ	క	క	గ	ా	మ	క	ఖ	భ	ఫ	ఢ	ణ
ఇ	ష	ె	ట	మ	ొ	ై	న	న	ఖ	మ	న	హా	మ	వ	ె
ళ	భ	భ	ళ	ధ	ె	ణ	శ	ి	ం	ఈ	ి	హా	ద	ళ	య
అ	ఉ	ర	ద	భ	క	చ	ొ	క	ల	ఇ	మ	ఠ	ప	ఢ	త
ధ	డ	ఈ	ఈ	ణ	చ	భ	ర	ి	ప	ర	ె	ధ	ా	శ	మ
గ	డ	ష	బ	చ	భ	త	ు	హా	ఖ	ళ	మ	గ	మ	య	ర
ఠ	ష	ఢ	ల	ఇ	గ	ద	ే	హా	ఒ	అ	క	ఒ	ప	గ	ి
ప	ా	క	ం	ం	య	ం	వ	ళ	ళ	ఈ	ఖ	డ	హా	జ	ఖ

వాసన
చేదు
కేలరీలు
మిఠాయి
పాకం
కొబ్బరి
తృష్ణ
కమ్మని
అన్యదేశ
ఇష్టమైన
ఫ్లేవర్
దినుసు
వేరుశెనగ
పొడి
నాణ్యత
సూచన
చక్కెర
తీపి
రుచి
తినడానికి

67 - Vegetables

ద	వ	ె	ల	్	ల	ు	ల	్	ల	ి	ప	ఉ	అ	ఈ	ద
ద	ో	గ	వ	వ	ధ	అ	ఇ	ద	ఖ	ఉ	ు	ల	ళ	ళ	ం
ల	ీ	స	్	ర	్	ా	ప	చ	చ	జ	ట	్	స	మ	భ
ి	ఠ	ఒ	క	ఠ	ట	ణ	ళ	ర	వ	ఫ	్	ల	గ	ు	డ
చ	ర	ఢ	ఢ	ా	క	ఒ	ం	భ	ఖ	త	ట	ి	ు	ల	ఉ
్	త	క	శ	ఇ	య	క	ా	ం	వ	య	గ	ప	మ	్	య
చ	శ	న	ధ	ప	భ	అ	హ	ఉ	భ	జ	ొ	ా	్	ల	భ
బ	క	న	ఉ	భ	ఇ	డ	చ	ద	హ	ఇ	డ	య	మ	ం	ద
క	ర	్	వ	ల	ఫ	్	ల	ీ	ా	క	ు	ం	డ	గ	ఠ
అ	ఒ	ి	య	క	ప	ా	ణ	ఖ	గ	బ	గ	బ	ి	ి	ఢ
త	ల	చ	గ	ా	ీ	ల	య	ళ	ఖ	అ	ు	్	క	ఢ	ఒ
శ	ఈ	్	భ	య	ర	స	స	ఫ	అ	గ	క	ర	ా	క	చ
డ	హ	ఉ	ల	క	మ	ె	ట	మ	ా	ట	ో	ో	య	ఢ	స
ద	చ	శ	ఈ	ం	ఢ	ప	ట	ధ	ం	ద	వ	క	ణ	ప	ఢ
ద	ఒ	ణ	ణ	ప	్	న	ి	్	ర	ట	హ	ల	భ	ఢ	ఖ
ఆ	ర	్	ట	ి	చ	ో	క	్	హ	డ	ం	ీ	ణ	ఖ	ల

ఆర్టిచోక్
బ్రోకలీ
క్యారెట్
కాలీఫ్లవర్
కట్
దోసకాయ
వంకాయ
వెల్లుల్లి
అల్లం
పుట్టగొడుగు
ఉల్లిపాయ
పార్స్లీ
ప
గుమ్మడికాయ
ముల్లంగి
సలాడ్
చిన్న
బచ్చలి
టమాటో
టర్నిప్

68 - The Media

ఎ	ళ	ం	అ	ఖ	ళ	ఫ	య	ష	ఉ	ళ	ఇ	ఢ	ఇ	వ	స
డ	ప	జ	జ	ఇ	త	జ	ఫ	య	ర	ఉ	చ	ఉ	ల	్	్
ి	ఉ	బ	ా	ం	య	జ	చ	ో	ం	త	ఒ	ద	ఖ	య	ధ
ష	ధ	త	ర	ఇ	చ	ఉ	ఆ	డ	డ	ం	బ	ణ	ం	క	ా
న	డ	న	్	ష	క	ే	న	ి	య	ూ	్	మ	క	్	న
్	డ	్	ప	ఈ	ల	డ	్	ే	శ	అ	ఖ	ర	అ	త	ి
స	ి	జ	ఇ	య	ి	గ	ల	ర	భ	ర	మ	శ	భ	ి	క
ఉ	జ	వ	ఢ	ష	ా	ఇ	ై	ు	ఖ	ర	ణ	్	ి	గ	భ
గ	ి	ి	అ	ద	జ	ధ	న	ధ	ధ	ష	ణ	ి	ప	త	ప
బ	ట	ల	ఢ	చ	ఫ	త	్	హ	అ	ు	వ	ర	్	ఢ	ద
వ	ల	ి	క	ద	ర	ఖ	త	భ	వ	ర	ి	ప	ర	శ	య
య	్	ూ	ల	ు	క	ర	ి	్	త	ప	ధ	న	ా	ఒ	బ
అ	స	ట	ళ	వ	ఫ	ో	ట	ో	ల	ు	ా	ఇ	య	మ	ప
మ	ఉ	ఢ	ల	ు	ర	ా	త	్	ి	చ	ే	శ	ం	ఠ	అ
ణ	జ	మ	ఠ	ల	్	య	ష	ి	్	ర	మ	క	చ	ఖ	డ
ఇ	భ	బ	భ	క	ఉ	ద	ప	ర	అ	ర	ణ	మ	ఖ	శ	మ

కమర్షియల్
కమ్యూనికేషన్
డిజిటల్
ఎడిషన్
చదువు
నిధులు
చిత్రాలు
వ్యక్తిగత
పరిశ్రమ
మేధావి
స్థానిక
పత్రికలు
జాలిక
ఆన్లైన్
అభిప్రాయం
ఫోటోలు
ప్రజా
రేడియో
టెలివిజన్

69 - Boats

ణ	మ	ర	మ	ఈ	త	ఈ	జ	య	డ	ళ	ర	చ	ద	ఈ	ప
య	హ	హ	య	య	ా	చ	ె	ఢ	ఇ	డ	ద	భ	మ	హ	ఢ
భ	ా	ద	మ	హ	హ	శ	య	త	ఈ	ం	డ	ు	ా	త	భ
ఈ	స	ా	ఇ	ఈ	భ	ఫ	హ	చ	చ	చ	జ	ా	బ	ఖ	ణ
ఫ	మ	ర	హ	ప	ణ	స	ల	అ	డ	జ	స	ి	క	ల	ఖ
హ	ు	ి	వ	స	ర	స	ె	స	ు	ల	ి	ద	న	ె	త
ఒ	ద	ప	య	ల	ె	స	ు	హ	క	ప	బ	హ	డ	ె	ర
ఒ	ె	డ	ణ	శ	క	ప	ప	ఒ	ు	బ	ె	బ	శ	ఢ	ల
స	ర	వ	ఠ	ళ	ం	ష	ళ	ఖ	వ	క	బ	బ	ో	య	ె
మ	ం	ణ	ళ	బ	ా	ధ	హ	ఇ	ి	ల	ం	ట	బ	హ	క
ు	ఠ	ప	ష	ఠ	య	ణ	అ	ల	ా	డ	ద	ై	ష	స	ట
ద	త	ొ	ప	ె	ప	అ	జ	ణ	న	క	ి	డ	ఇ	చ	ి
ె	ళ	ఉ	ణ	య	వ	ల	చ	శ	ఢ	ా	ె	ె	ల	ష	ా
ర	ష	జ	ఖ	శ	బ	ల	ర	య	ళ	న	ర	ా	హ	ఖ	న
ద	ప	య	క	జ	ష	ు	స	ఇ	డ	ో	ప	హ	య	ణ	భ
ర	ఒ	ణ	ఉ	ఉ	భ	ఈ	ళ	ర	క	ష	ఫ	ణ	ళ	క	ఖ

యాంకర్
బోయ్
కానో
సిబ్బంది
డాక్
ఇంజిన్
రహదారి పడవ
కయాక్
సరస్సు
పుల్

నాటికల్
మహాసముద్రం
తెప్ప
నది
తాడు
నావికుడు
సముద్ర
సైడ్
అలలు
యాచ్

70 - Activities and Leisure

స	వ	ర	క	ల	వ	ం	హ	ఇ	హ	జ	క	భ	ద	స	ప
ర	వ	ి	త	య	ప	డ	ఉ	ల	ె	బ	ా	ల	ీ	ా	వ
ె	ల	ఖ	శ	బ	ా	క	ె	స	ి	ం	గ	ె	ప	క	డ
ఫ	ఠ	ం	బ	ె	ఢ	భ	ఉ	ర	ం	ఉ	ె	బ	ె	ర	ఢ
ి	బ	ల	ం	ఢ	ర	ప	ల	ర	డ	ర	క	ా	ర	ె	చ
ం	ఠ	ప	స	గ	శ	ా	బ	ఇ	గ	ప	ి	స	య	ళ	భ
గ	ె	ప	ి	ం	ా	ష	ం	ఠ	ష	బ	ం	ె	ా	అ	హ
ె	ె	ఖ	ఢ	ళ	య	ప	ళ	త	గ	చ	ై	ే	ణ	ం	ర
ట	అ	ష	ల	భ	క	హ	జ	ఈ	ి	త	హ	బ	ం	ఇ	ఉ
త	ు	ఖ	ి	బ	ా	స	ె	క	ు	ట	ె	బ	ా	ల	ె
జ	త	న	స	ం	ప	ు	య	ి	ం	ట	ి	ం	గ	ె	ం
ఢ	బ	ప	ె	మ	ి	డ	ై	వ	ి	ం	గ	ె	క	ళ	ర
క	ప	జ	ఢ	న	ద	ఫ	య	చ	ఢ	గ	ో	ల	ె	ఫ	ె
జ	ఇ	ఫ	ల	ఫ	ి	ణ	స	ణ	ప	ప	ఫ	ల	ప	ల	శ
త	ో	ట	ప	న	ి	స	త	ళ	ల	ధ	అ	మ	వ	ఢ	ఖ
ణ	ఒ	క	స	చ	ఖ	ద	ె	ల	ఈ	ష	జ	ం	ర	జ	ల

కళ
బేస్బాల్
బాస్కెట్బాల్
బాక్సింగ్
డైవింగ్
ఫిషింగ్
తోటపని
గోల్ఫ్
హైకింగ్
పెయింటింగ్
విశ్రాంతి
షాపింగ్
సాకర్
సర్ఫింగ్
ఈత
టెన్నిస్
ప్రయాణం
వాలీబాల్

71 - Driving

ళ	ఉ	ట	జ	య	హ	ద	హ	ం	ఖ	శ	భ	ఖ	ఞ	ఠ	వ
ఫ	స	్	య	ా	్	గ	త	్	ర	ో	వ	ద	డ	ఢ	ీ
ద	్	ర	్	ట	ో	మ	త	ఉ	ఞ	డ	ఠ	చ	్	భ	ధ
ఖ	న	ా	ీ	డ	ఒ	ఒ	ఠ	డ	ఒ	ఉ	ద	శ	ణ	ర	ి
ద	్	ఫ	శ	ా	ణ	ష	ణ	స	ల	ద	క	ల	ద	క	త
శ	స	ి	ఈ	ల	ల	ర	ు	చ	ా	ద	ా	ప	ర	ా	హ
ఖ	ె	క	ఢ	బ	స	బ	్	ర	ే	క	ు	ల	ు	ర	క
ర	ై	్	ధ	ల	ఢ	ణ	డ	ద	వ	వ	చ	ఉ	అ	ు	ప
చ	ల	ఠ	ం	త	ఒ	ఢ	త	్	ఒ	స	గ	ర	చ	అ	ో
స	ొ	ర	ం	గ	ం	ష	శ	ఫ	ర	న	ం	ధ	ం	ఇ	ల
ళ	ద	ర	య	ఢ	ఉ	ళ	ఈ	అ	ఞ	ై	ే	వ	ల	ఞ	ీ
ఈ	ఉ	స	మ	డ	య	ఒ	గ	హ	ఖ	ద	వ	చ	శ	భ	స
మ	ో	ట	ా	ర	్	స	ై	క	ి	ల	్	ర	క	ఞ	ు
త	ష	క	త	అ	ఢ	ఒ	ప	ప	భ	ఢ	ఠ	ష	్	ఉ	అ
ప	్	ర	మ	ా	ద	ం	ట	ష	జ	ఈ	త	ఫ	త	ం	ఈ
ర	ఫ	ఒ	గ	ఫ	శ	ఠ	ం	అ	ప	ా	య	ం	త	త	స

ప్రమాదం
బ్రేకులు
కారు
అపాయం
డ్రైవర్
ఇంధనం
గ్యాస్
లైసెన్స్
పటం
మోటర్

మోటార్ సైకిల్
పాధచారుల
పోలీసు
త్రోవ
భద్రత
వేగం
వీధి
ట్రాఫిక్
లారీ
సొరంగం

72 - Biology

ఫ	ఢ	భ	ద	క	త	ఎ	స	న	ం	ట	ఫ	ప	ధ	గ	శ
ఠ	ో	హ	ం	త	హ	ం	ా	ె	ఒ	ు	ో	ి	ళ	స	ద
ష	బ	ట	ఠ	స	య	జ	ల	య	ఠ	బ	క	ం	మ	హ	ప
హ	ఫ	ప	ో	ె	ా	ై	ె	ా	ళ	ా	ర	డ	ఉ	జ	ణ
బ	ల	క	ష	స	ర	మ	ద	ర	అ	గ	ె	ం	ఠ	ర	ఉ
గ	ణ	ఒ	బ	ి	ి	ె	క	ా	క	ు	ఒ	ఒ	డ	ష	మ
డ	ష	భ	ఢ	మ	ట	ం	క	న	స	ర	ీ	స	ృ	ప	ం
క	ఖ	డ	భ	ో	ీ	డ	థ	ె	స	ు	ఖ	ఉ	హ	ఒ	ణ
న	ె	అ	గ	ె	క	త	హ	స	ఈ	ి	శ	ఉ	ల	ఠ	ా
స	ా	ష	ఈ	స	ె	స	ఢ	శ	ి	త	ఢ	మ	ప	జ	ి
హ	ల	డ	ీ	ఓ	ా	హ	ఉ	ప	జ	స	డ	ఒ	హ	ఇ	ర
జ	ా	జ	ి	ర	బ	గ	శ	గ	ఉ	య	ె	ఫ	ల	క	ప
ీ	గ	స	ం	ఖ	ద	క	ో	ల	ె	ల	ా	జ	ా	న	ె
వ	ి	ద	ఫ	ధ	హ	ం	గ	హ	ా	ర	ె	మ	ో	న	ె
న	న	ప	ె	ర	ో	ట	ీ	న	ె	ధ	గ	ఖ	య	య	జ
ం	ె	బ	గ	ఈ	అ	క	ె	ర	ో	మ	ో	జ	ో	మ	ె

ఫోక్లర్
బాక్టీరియా
సెల్
క్రోమోజోమ్
కొల్లాజెన్
పిండం
ఎంజైమ్
పరిణామం
హార్మోన్
క్షీరదం
తిరుగుబాటు
సహజ
నాడి
న్యూరాన్
ఓస్మోసిస్
ఫోటోసింథసిస్
ప్రొటీన్
సరీసృపం
సహజీవనం
లాగిన్

73 - Professions #2

వ	ల	ై	బ	ె	ర	ే	ర	ి	య	న	ె	త	హ	హ	ఞ
ె	ై	ఫ	ం	హ	త	భ	క	య	క	ఞ	ఒ	ర	ఞ	హ	య
ట	ఫ	ద	ట	ఒ	మ	ి	గ	ా	మ	య	ో	ె	వ	ం	ప
ి	ో	న	ె	జ	ె	ర	స	ఞ	హ	ణ	స	క	డ	ం	ె
క	ట	ప	స	య	డ	స	శ	య	ఉ	ఖ	ణ	ట	ఈ	ఖ	ర
ె	ో	ర	ె	ప	ు	ా	క	ఒ	ద	ఈ	వ	ి	ఈ	ప	ో
ట	గ	ి	ల	య	య	డ	బ	హ	ఈ	ర	ఉ	ష	ల	హ	ఫ
ొ	ె	శ	ి	డ	ు	ర	ు	క	ా	ర	త	ె	ి	చ	ొ
ి	ర	ో	న	ఇ	ద	భ	క	ఫ	ల	ె	స	ృ	మ	ఈ	స
డ	ా	ధ	ె	ం	ె	ఉ	ా	బ	స	చ	ల	స	ా	బ	ర
త	ఫ	క	ర	జ	వ	ఢ	య	ష	ర	ీ	త	ష	ట	హ	ె
ఞ	ర	ు	జ	న	ొ	ప	డ	ఫ	ా	ట	గ	హ	ో	ప	ఞ
అ	ె	డ	ద	ీ	ై	ఒ	వ	ఞ	ర	గ	ఠ	ఠ	త	స	ద
భ	భ	ు	స	ర	త	ర	ె	క	ణ	ర	చ	ు	ర	ె	ప
భ	ర	ణ	ళ	ె	ం	క	ొ	మ	ి	స	ె	ట	ె	ఉ	డ
అ	ళ	ల	ఒ	ప	ద	క	త	త	ె	వ	వ	ే	త	ె	త

వ్యోమగామి
కెమిస్ట్
దంతవైద్యుడు
డిటెక్టివ్
ఇంజనీర్
కాపు
తోటమాలి
సృష్టికర్త
జర్నలిస్ట్
లైబ్రేరియన్
భాషా
చిత్రకారుడు
తత్వవేత్త
ఫోటోగ్రాఫర్
వైద్యుడు
ప్రొఫెసర్
ప్రచురణకర్త
పరిశోధకుడు
సర్జన్
టీచర్

74 - Mythology

స	ణ	ం	ర	ా	ు	ప	ఉ	ళ	ల	చ	ద	ఒ	ఫ	ఖ	న
ృ	అ	ష	ా	ఒ	ఢ	న	త	ర	ె	వ	ర	ె	ప	య	ై
ష	మ	య	క	ం	స	ఢ	మ	త	ు	త	ె	ప	ి	వ	ౖ
ె	ర	ం	ె	భ	స	ఠ	గ	ఢ	ల	మ	డ	య	ష	బ	త
ట	త	ఈ	ష	గ	గ	మ	ం	డ	ు	ధ	ు	ో	య	బ	ి
ి	ె	జ	స	ధ	ఈ	త	ర	క	బ	జ	జ	ధ	స	ర	క
హ	వ	ల	ు	క	ా	మ	ె	మ	న	ఆ	ీ	ఈ	ఫ	ఒ	ణ
గ	ం	స	డ	వ	ర	భ	వ	త	క	స	ద	వ	త	మ	ష
ఉ	భ	ష	ు	త	ఠ	ణ	ె	స	ై	శ	హ	ర	ి	బ	హ
ల	ఉ	ం	ఠ	డ	క	ఞ	స	ద	క	ళ	ణ	త	ె	ఫ	ళ
ప	ె	ర	త	ీ	క	ా	ర	ం	ె	అ	స	ూ	య	శ	జ
ద	శ	ో	మ	ై	ర	ు	ప	ు	ి	య	వ	వ	ప	జ	ం
అ	ఞ	ీ	ద	ే	వ	త	ల	ు	చ	స	ఒ	త	జ	ళ	హ
త	ఢ	హ	స	ం	స	ె	క	ృ	త	ి	ఒ	ష	ప	చ	త
జ	జ	ప	త	స	శ	బ	బ	ణ	ఠ	ణ	భ	ర	ఢ	య	ల
ఢ	ష	ఒ	చ	ం	ఖ	శ	ఫ	ద	వ	మ	హ	ధ	హ	ఢ	త

ఆదర్శం
ప్రవర్తన
నమ్మకాలు
సృష్టి
జీవి
సంస్కృతి
దేవతలు
విపత్తు
స్వర్గం
హీరో

అమరత్వం
అసూయ
చిక్కైన
పురాణం
మెరుపు
రాక్షసుడు
నైతిక
ప్రతీకారం
ఉరుము
యోధుడు

75 - Agronomy

వ	బ	హా	ప	మ	ళ	బ	త	ల	గ	స	య	ల	య	ణ	ధ
ఠ	ధ	హా	ణ	ర	ం	ా	హా	ఆ	ల	అ	ై	ు	ం	ధ	త
మ	ధ	భ	త	ి	్	క	శ	మ	ు	డ	భ	న	ష	హా	జ
డ	ప	ల	ు	ధ	ు	య	ా	్	వ	ఫ	ష	ా	్	ఫ	త
వ	గ	స	ఞ	య	ళ	ఫ	ా	ల	ు	ప	న	త	ల	స	డ
క	ృ	ర	గ	ా	య	ల	ు	వ	ు	ఊ	ీ	త	ు	స	్
స	ే	ం	ద	్	ర	ీ	య	ధ	ర	శ	ర	్	ా	ి	ఢ
ద	జ	స	అ	అ	ద	స	ద	బ	ఎ	ణ	ు	ి	క	స	డ
ం	వ	్ర	ద	్	ధ	ి	డ	త	గ	చ	ం	వ	ఢ	్	ం
చ	అ	ద	స	ఒ	మ	ొ	క	్	క	ల	ు	ఫ	ణ	ట	గ
క	వ	మ	ర	ఒ	వ	ప	ఎ	ద	శ	ర	వ	ఢ	ఢ	మ	్
ో	ఫ	భ	చ	శ	గ	ఒ	జ	క	ధ	ర	ఊ	ప	య	్	ర
త	ి	త	్	ప	్	త	ఉ	జ	ా	హా	ద	చ	ష	స	ా
అ	ధ	్	య	య	న	ం	ఫ	ఖ	ణ	ల	ష	అ	య	్	మ
వ	్	య	వ	స	ా	య	ం	ష	జ	ష	జ	స	ష	ఉ	ీ
త	వ	చ	మ	ఉ	భ	స	క	భ	వ	ష	వ	ీ	జ	ఊ	ణ

వ్యవసాయం
వ్యాధులు
ఎకాలజీ
శక్తి
పర్యావరణం
కోత
ఎరువులు
ఆహారం
వృద్ధి
సేంద్రీయ
మొక్కలు
కాలుష్యం
ఉత్పత్తి
గ్రామీణ
సైన్స్
విత్తనాలు
అధ్యయనం
సిస్టమ్స్
కూరగాయలు
నీరు

76 - Hair Types

ఉ	త	ఈ	ణ	ఒ	స	స	ం	ణ	బ	ల	ం	య	అ	బ	ఆ
ం	ె	ప	ు	ు	ల	న	గ	హ	ఈ	ట	జ	అ	ఒ	ఈ	ర
గ	ల	య	ల	ఠ	ు	ల	్	డ	ో	మ	్	త	ఠ	ం	ో
ర	ు	ఠ	డ	స	ర	బ	ం	న	ళ	ప	మ	ట	డ	ఒ	గ
ా	ప	ఠ	జ	భ	ు	ఒ	ా	ద	న	ట	ఈ	త	త	బ	్
ల	ు	శ	ర	త	ు	క	ల	చ	స	ి	ళ	క	య	ల	య
భ	త	హ	బ	ధ	క	ర	బ	ం	బ	ట	ద	ధ	గ	శ	క
ద	ప	గ	్	ర	ే	ప	ం	స	ద	్	ప	ౌ	డ	ి	ర
మ	ె	ర	ి	స	ే	త	ం	గ	ఒ	ౌ	జ	స	ఒ	స	మ
అ	ల	్	ల	ి	న	త	మ	ష	ు	ప	ఢ	క	ల	ా	ై
త	శ	ఖ	ఞ	స	ఠ	చ	ం	గ	ఖ	ఖ	గ	ం	చ	ఫ	న
ష	క	ం	గ	ఉ	మ	శ	ద	ం	ఒ	ప	ఉ	ఈ	స	్	ళ
ఈ	హ	స	హ	భ	ళ	బ	మ	బ	్	ర	ౌ	న	్	ట	హ
ఖ	ం	ర	ా	గ	ి	గ	ై	ళ	ఞ	ద	త	హ	శ	్	గ
ఞ	క	త	గ	ఢ	గ	హ	న	ఖ	ప	వ	హ	హ	ం	ప	ఞ
ఢ	ఫ	ధ	ణ	అ	హ	ప	ఫ	ఉ	ఫ	ఞ	క	ప	మ	ఫ	ణ

బట్టతల
నలుపు
రాగి
అల్లిన
జడలు
బ్రౌన్
రంగు
కురులు
మోడల్
పొడి
గ్రే
ఆరోగ్యకరమైన
లాంగ్
మెరిసే
పొట్టి
సాఫ్ట్
మందమైన
సన్నని
ఉంగరాలు
తెలుపు

77 - Garden

ర	ఫ	భ	జ	స	అ	క	ణ	భ	డ	త	క	ం	చ	ె	ష
ం	ా	ష	త	ఈ	ఇ	ల	శ	జ	వ	గ	ద	స	క	ద	వ
ఒ	ఠ	ళ	చ	ధ	అ	ు	క	ణ	ష	వ	జ	ష	ల	ఫ	ధ
ళ	హ	ం	్	ప	బ	ప	ణ	ళ	త	హ	చ	ఇ	ఉ	ధ	ప
త	ో	ట	ఉ	ళ	్	ు	ఠ	ం	ల	ం	మ	ష	య	ల	ం
ం	ల	ల	క	డ	ు	ప	ళ	ఇ	ద	ఖ	ఢ	హ	భ	ఇ	ం
క	గ	డ	్	డ	ి	మ	ర	ం	జ	డ	ష	క	ర	ఠ	ఒ
ధ	ణ	్	ే	భ	శ	జ	మ	మ	హ	గ	ఢ	ఈ	ల	అ	ఇ
చ	ల	ం	ర	ప	ా	ర	ష	ట	ు	ట	్	ె	చ	క	త
్	ె	ప	ఒ	క	క	ఠ	ట	ఢ	హ	ప	ఢ	ఠ	ధ	వ	వ
ం	అ	ర	భ	ఇ	ర	త	ం	హ	య	చ	ఠ	ఊ	ధ	ై	చ
ె	ష	క	ు	ఈ	బ	త	ట	ఖ	ప	్	ఈ	య	ళ	న	ఫ
బ	బ	ఫ	డ	వ	ు	వ	్	ు	ప	చ	బ	ల	క	్	మ
మ	ట	్	ట	ి	ు	క	ొ	ఠ	ల	ి	ు	భ	ల	చ	మ
భ	ఖ	ఉ	హ	ఇ	బ	ర	గ	య	ఉ	క	ష	ధ	ద	ఫ	ఇ
చ	వ	డ	ప	న	్	ల	ి	ప	ో	మ	్	ర	ా	్	ట

బెంచ్
బుష్
కంచె
పుష్పం
తోట
గడ్డి
ఊయల
గొట్టం
పచ్చిక
పండ్లు
చెరువు
రేక్
రాళ్ళు
పార
మట్టి
చప్పరము
ట్రామ్పోలిన్
చెట్టు
వైన్
కలుపు

78 - Diplomacy

త	హ	ర	చ	ప	న	స	ర	వ	వ	బ	ల	జ	ఇ	త	భ
ల	ు	ర	ు	ా	ప	మ	భ	ఉ	చ	ఉ	జ	చ	మ	ప	ద
శ	వ	వ	చ	ర	ద	గ	ై	స	ం	ఘ	ర	ె	ష	ణ	ె
వ	ి	ద	ే	శ	ీ	ె	ర	ర	మ	ణ	బ	ర	క	గ	ర
ణ	ల	ణ	ఒ	భ	ం	ర	ా	ం	ప	ా	శ	చ	ఉ	ఈ	త
ం	ఇ	ల	చ	ల	ప	త	య	క	వ	య	న	అ	ప	ఖ	స
ర	య	గ	హ	య	అ	శ	బ	ా	ఇ	చ	త	వ	ద	ద	ల
మ	డ	హ	ష	ం	క	ఖ	ా	ష	స	అ	స	ె	త	చ	హ
ఫ	వ	ం	త	ె	భ	ు	ర	ె	ప	ం	ం	త	ా	ా	ా
ఠ	మ	క	ఉ	య	ర	అ	ి	ి	స	య	ఘ	ప	చ	ద	ద
ఇ	ర	ళ	ఢ	బ	ర	వ	ర	ర	ఢ	ె	ం	ఒ	హ	స	ా
ధ	ళ	ం	ఠ	వ	ం	ద	ం	ప	ం	ె	ప	ఒ	ప	ళ	ర
న	ీ	త	ి	శ	ా	స	ె	త	ె	ర	ం	ష	ప	ఒ	ు
ఢ	చ	స	ఉ	ఖ	క	న	ె	య	ా	య	ం	ఉ	ె	డ	డ
చ	ఉ	భ	య	డ	హ	ఒ	బ	వ	త	హ	య	ఫ	ధ	ట	ు
డ	ఉ	ప	ళ	గ	స	ర	ా	జ	క	ీ	య	ా	ల	ు	త

సలహాదారుడు
రాయబారి
పౌరులు
పౌర
సంఘం
సంఘర్షణ
సహకారం
దౌత్యపరమైన
చర్చ
నీతిశాస్త్రం
విదేశీ
ప్రభుత్వం
మానవతా
సమగ్రత
న్యాయం
రాజకీయాలు
స్పష్టత
భద్రత
పరిష్కారం
ఒప్పందం

79 - Countries #1

ఇ	జ	డ	ె	ల	ా	ం	ో	ప	ఢ	య	ల	ఇ	క	ద	గ
గ	ట	ె	ం	డ	న	ఠ	ప	ఖ	య	ల	వ	జ	స	ష	త
ఒ	ం	ల	త	శ	త	ి	ఇ	ర	ా	క	ె	ె	ఢ	డ	చ
ణ	ధ	ా	ీ	ఫ	భ	ఈ	క	ణ	ఒ	వ	ే	ర	ె	ా	న
ల	ఋ	ం	వ	ర	వ	జ	ధ	ర	య	చ	ద	ా	మ	న	ె
ె	ఫ	న	మ	ఒ	జ	ి	ళ	శ	ా	ఉ	త	య	ొ	్	య
జ	ర	ె	మ	న	ీ	ప	బ	హ	బ	గ	ల	్	ర	క	ి
ి	క	ి	మ	డ	జ	ె	బ	ష	ి	ష	ు	ల	ా	ఒ	ప
ర	ప	ఫ	మ	ఒ	హ	ట	ఉ	స	ి	ధ	ణ	ె	క	ప	్
్	వ	క	ం	ఈ	ల	ె	భ	ర	ల	శ	ర	భ	ో	గ	ె
ె	స	్	న	్	గ	ల	ె	ప	ద	య	ళ	ర	వ	ం	స
బ	భ	ద	అ	జ	భ	ఖ	గ	న	ా	ం	త	ె	య	ి	వ
ఒ	జ	హ	ప	చ	ఋ	ప	య	ా	వ	ి	ట	ె	ా	ల	చ
క	ఠ	ఒ	ళ	డ	ఈ	ధ	డ	మ	హ	ఖ	ళ	ద	మ	ప	ష
ళ	ఖ	ఢ	ఢ	వ	త	ఫ	య	ా	న	ి	మ	ే	ొ	ర	చ
వ	్	న	ి	జ	ు	ల	ా	బ	త	ఖ	భ	ఖ	వ	శ	ఉ

బ్రెజిల్
కెనడా
ఈజిప్ట్
ఫిన్లాండ్
జర్మనీ
ఇరాక్
ఇజ్రాయెల్
ఇటలీ
లాట్వియా
లిబియా
మొరాకో
నికరాగు
నార్వే
పనామా
పోలాండ్
రొమేనియా
సెనెగల్
స్పెయిన్
వెనిజులా
వియత్నాం

80 - Immigration

ష	ల	జ	ఫ	ం	మ	భ	ఒ	ఫ	డ	ఫ	ణ	ష	మ	క	ఢ
భ	అ	ల	ల	ఒ	ఈ	ఢ	ఖ	మ	ణ	భ	ప	ప	ద	మ	గ
ఢ	హా	ధ	ి	ం	స	త	చ	ఉ	జ	ష	ి	త	ఈ	ె	భ
ల	ఖ	మ	ి	ళ	శ	ఫ	ల	ఢ	భ	శ	ల	ె	బ	య	ణ
ఢ	ఉ	ధ	వ	క	ల	వ	ు	ు	డ	గ	ె	ర	ప	ా	ఖ
య	జ	గ	ఖ	అ	ా	డ	ధ	య	చ	జ	ల	ా	ఢ	న	ళ
ప	మ	క	ద	ఫ	జ	ర	ు	గ	ృ	హా	ల	ల	జ	ి	గ
ల	త	ి	థ	ి	స	ె	ి	ర	ప	ం	ు	ు	భ	క	ఒ
ఒ	వ	ఢ	స	చ	స	ర	న	ల	ప	ా	ి	ర	ప	ే	త
ఈ	ఒ	ద	ఠ	ణ	ల	ు	ద	ద	ె	ొ	ప	మ	మ	ష	ె
ర	ం	క	ా	ష	ె	ి	ర	ప	ర	ఈ	జ	హా	భ	న	త
ద	క	ఉ	ధ	ఇ	మ	హా	డ	ణ	క	ఆ	డ	శ	త	ె	ి
ట	ం	ె	ట	చ	ం	మ	ర	ఉ	ె	ప	మ	ఈ	ధ	ఒ	డ
ల	ళ	ం	ష	భ	చ	గ	ర	ఖ	ర	జ	చ	ో	హా	ఠ	ి
ఇ	గ	హా	ా	ణ	భ	ర	ర	ఒ	ి	త	బ	ధ	ద	మ	ధ
ప	వ	ం	భ	హా	ద	ఖ	ఒ	ఠ	య	ం	ఈ	య	మ	ం	బ

పరిపాలన
పెద్దలు
ఆమోదం
పిల్లలు
కమ్యూనికేషన్
గడువు
పత్రాలు
నిధులు
గృహ
భాష
చట్టం
సంధి
అధికారి
ప్రక్రియ
రక్షణ
పరిస్థితి
పరిష్కారం
ఒత్తిడి

81 - Adjectives #1

వ	ణ	ధ	ఫ	బ	ం	ణ	భ	ఢ	శ	చ	ష	ణ	భ	ల	స
హ	ర	ా	ద	ఉ	ఠ	ఠ	అ	జ	ద	ద	ా	ం	య	హ	ీ
ఢ	ె	ఈ	ం	త	వ	య	ల	ఈ	ే	ష	ఫ	ల	వ	చ	ర
ఇ	ప	య	ధ	స	ు	గ	ం	ధ	య	ం	భ	ఇ	ా	మ	ి
వ	హా	స	ా	ణ	డ	న	ా	మ	ె	మ	ద	ి	గ	ా	య
య	ం	న	భ	ప	ర	చ	ఇ	చ	న	మ	ై	ద	ం	అ	స
త	స	ె	త	ఇ	ీ	ద	శ	ఒ	అ	ఒ	త	ఈ	భ	చ	ె
ఇ	త	న	క	ళ	ా	త	ె	మ	క	ద	ృ	ష	ె	ట	ి
చ	వ	న	స	శ	భ	ర	ల	ం	ల	ల	జ	ఖ	బ	శ	ద
ప	ఠ	ి	ప	ె	ర	త	ి	ష	ె	ట	ా	త	ె	మ	క
ఆ	ధ	ు	న	ి	క	వ	ం	ఉ	ఒ	ి	ా	ే	య	త	ళ
చ	ర	ఈ	ద	ధ	ద	ఠ	ఢ	ధ	గ	క	త	మ	క	ం	క
ఢ	ఠ	ల	ై	ల	వ	ధ	ఠ	ర	ద	ీ	అ	బ	ల	ఒ	క
హ	ప	అ		ల	భ	ఉ	భ	ధ	ఈ	చ	క	ప	జ	ఢ	ఠ
భ	ఇ	ళ	ర	శ	అ	భ	ద	వ	క	గ	ఈ	ద	స	ద	ఫ
ర	వ	అ	ఖ	ప	శ	స	న	ి	జ	ా	య	ి	త	ీ	ఫ

సంపూర్ణ
ప్రతిష్టాత్మక
సుగంధ
కళాత్మక
అందమైన
చీకటి
అన్యదేశ
ఉదార
హ్యాపీ
భారీ

చాలా
నిజాయితీ
ఒకేలా
దృష్టి
ఆధునిక
తాజా
సీరియస్
నెమ్మదిగా
సన్నని
ఖరీదైన

82 - Rainforest

త	ఈ	బ	స	వ	ం	అ	వ	స	య	చ	చ	ఖ	ఉ	జ	ఉ
ఞ	ఢ	జ	అ	ం	ధ	ఫ	ా	అ	ం	గ	త	భ	ల	ా	భ
ఢ	బ	ం	డ	ర	ఘ	స	త	వ	శ	ర	ి	బ	అ	త	య
క	గ	ఈ	వ	ౌ	ం	ం	ా	ె	ర	స	క	ర	ఈ	ు	చ
ద	ఫ	య	ి	గ	ణ	మ	వ	ౖ	ణ	డ	ృ	్	ర	ల	ర
ఒ	ఉ	ఢ	ఠ	ద	క	ద	ర	వ	ు	ల	ర	త	ష	ు	ా
అ	గ	ఠ	ఞ	అ	బ	ే	ణ	ి	శ	ధ	్	ల	జ	ణ	ల
మ	ఞ	అ	అ	ఞ	మ	శ	ం	ధ	ం	ఈ	ప	ఒ	హ	ర	ు
డ	ే	ష	ఈ	ఠ	ల	ీ	శ	్	శ	డ	య	ఈ	క	ధ	వ
ఈ	బ	ఘ	మ	భ	ఈ	య	ఠ	య	హ	మ	బ	క	ీ	ద	ఖ
అ	ఖ	మ	ా	మ	ఢ	ళ	ఉ	ం	శ	ర	ం	ణ	ట	్	ణ
ఒ	ఢ	ఖ	ఠ	ల	ు	ద	ా	ర	ష	ీ	్	క	క	ర	ష
ష	ధ	ఫ	ఈ	ల	ు	ష	ు	్	క	ప	గ	ఉ	ా	ు	న
బ	ొ	ట	ా	న	ి	క	ల	్	ఒ	వ	ల	ణ	ల	న	ా
ఖ	ర	ీ	ద	ై	న	ప	ఈ	ఠ	అ	ష	ప	ఈ	ు	ు	చ
మ	న	ు	గ	డ	ఖ	ఒ	వ	గ	ధ	స	ద	హ	ళ	ప	ు

ఉభయచరాలు
పక్షులు
బొటానికల్
వాతావరణం
మేఘాలు
సంఘం
వైవిధ్యం
దేశీయ
కీటకాలు
అడవి
క్షీరదాలు
నాచు
ప్రకృతి
సంరక్షణ
శరణు
గౌరవం
పునరుద్ధరణ
జాతులు
మనుగడ
ఖరీదైన

83 - Technology

స	్	ర	ై	వ	ఉ	బ	శ	మ	ఖ	ఠ	ఖ	ర	ఞ	ళ	అ
ఫ	ం	వ	భ	హ	ర	్	ట	య	ూ	ప	్	ం	క	ణ	ల
క	ఢ	ద	శ	వ	ఊ	ల	్	వ	చ	ు	్	ర	వ	య	ధ
గ	గ	ఢ	ే	బ	క	ా	భ	ద	్	ర	త	గ	ఫ	క	ర
ఞ	ణ	శ	ర	శ	ఫ	గ	ఇ	ం	ట	ర	్	న	ె	ట	్
ఉ	చ	ా	గ	ణ	ం	ు	ప	వ	్	ా	ద	గ	ష	ఠ	వ
శ	ధ	ప	ం	ఫ	భ	ద	ఠ	ణ	ం	త	ే	బ	హ	ఖ	ే
న	్	ర	ీ	క	్	్	స	ఞ	ా	య	చ	డ	ం	బ	ట
భ	ఢ	్	ఖ	ళ	ా	జ	ద	ప	ఫ	ళ	జ	చ	మ	్	్
ప	బ	స	ప	ఒ	ద	ల	ప	ర	ి	శ	ో	ధ	న	ర	ఫ
ఖ	మ	్	డ	త	ష	్	ు	క	ె	మ	ె	ర	ా	ౌ	్
చ	హ	ర	శ	జ	ప	ట	అ	అ	ఒ	య	చ	ర	చ	జ	ా
వ	బ	క	ళ	ప	శ	జ	ఫ	ై	ల	్	ర	ఫ	వ	ర	స
భ	ధ	ం	ప	ఫ	య	ి	ం	ధ	చ	ఞ	ఖ	ణ	బ	్	ణ
ఢ	బ	గ	గ	మ	ర	ి	ఉ	ధ	వ	ఞ	స	ద	త	శ	ష
ఫ	గ	స	ఫ	చ	ద	డ	గ	డ	హ	ల	త	ఠ	శ	క	గ

బ్లాగు
బ్రౌజర్
కెమెరా
కంప్యూటర్
కర్సర్
డేటా
డిజిటల్
ఫైల్
ఫాంట్

ఇంటర్నెట్
సందేశం
పరిశోధన
స్క్రీన్
భద్రత
సాఫ్ట్వేర్
గణాంకాలు
వర్చువల్
వైరస్

84 - Global Warming

శ	భ	వ	ి	ష	్	య	త	్	త	ు	ల	ఉ	జ	గ	స
య	క	ళ	ఠ	చ	ద	ం	ప	ఒ	ల	క	ళ	ష	న	శ	ం
మ	ఢ	్	జ	త	బ	ఠ	జ	వ	ప	వ	ఖ	్	ా	ఢ	క
గ	హ	య	త	ీ	జ	ా	ర	్	త	ం	అ	ణ	భ	వ	్
బ	ట	భ	త	ి	ఆ	వ	ా	స	ా	ల	త	ో	ా	ా	ష
ధ	వ	ం	త	్	భ	ు	ర	్	ప	ఫ	ఒ	గ	హ	త	ో
ధ	ి	ద	్	వ	ృ	ి	భ	అ	వ	య	ల	్	డ	ా	భ
ఢ	ఠ	ణ	వ	ట	ప	ర	ి	శ	్	ర	మ	ర	య	వ	ం
ఖ	అ	ప	ే	డ	చ	ణ	అ	మ	ప	శ	ళ	త	ఠ	ర	క
డ	ఖ	ం	ర	ు	భ	ర	ణ	భ	ళ	ధ	మ	ల	ల	ణ	ఠ
ఈ	ఠ	చ	త	ప	ధ	వ	త	ర	ా	ల	ు	ు	హ	ం	ఖ
డ	ఉ	మ	్	ు	చ	య	ఆ	ర	్	క	ి	ట	ి	క	్
ఈ	ే	క	స	్	య	ా	్	గ	చ	ల	ఠ	ం	అ	ద	ం
ర	ం	ట	్	ప	ఫ	్	ణ	ధ	ఖ	ర	డ	బ	వ	ఠ	చ
త	హ	హ	ా	ఇ	ఠ	ర	మ	ం	ద	ధ	ఖ	ఠ	ఖ	వ	ధ
హ	వ	ఞ	శ	బ	త	ప	ధ	ల	య	ఖ	స	హ	హ	ఞ	ఖ

ఆర్కిటిక్
వాతావరణం
సంక్షోభం
డేటా
అభివృద్ధి
శక్తి
పర్యావరణ
భవిష్యత్తు
గ్యాస్
తరాలు
ప్రభుత్వం
ఆవాసాల
పరిశ్రమ
అంతర్జాతీయ
చట్టం
ఇప్పుడు
జనాభా
శాస్త్రవేత్త
ఉష్ణోగ్రతలు

85 - Landscapes

స	ట	ం	అ	అ	శ	ఒ	ద	ప	ఢ	య	ఢ	ఊ	మ	స	ద
మ	ం	శ	బ	గ	ల	ళ	్	ఠ	ర	ల	ొ	య	గ	మ	్
ు	డ	య	చ	్	ీ	బ	వ	క	శ	్	ల	ష	ు	ం	వ
ద	్	ఉ	ద	న	ద	జ	ీ	ఇ	ో	ద	వ	ఉ	హ	చ	ీ
్	ర	ల	భ	ి	ద	న	ప	ల	జ	ం	భ	త	ర	ు	ప
ర	ా	ఒ	ర	ప	త	ఉ	ం	వ	ల	న	డ	ప	ం	క	క
్	చ	వ	మ	ర	ఎ	ష	ధ	ఢ	ప	న	క	ద	ద	ో	ల
జ	త	మ	ణ	్	వ	డ	శ	క	ా	ీ	ఒ	డ	్	ం	్
ీ	ల	మ	హ	వ	బ	డ	ా	ఢ	త	మ	శ	ఢ	మ	డ	ప
గ	ణ	ప	ఊ	త	ఉ	ల	గ	ర	ం	ా	జ	ధ	ు	చ	ం
ఉ	త	ధ	శ	ం	ద	ర	ద	ం	ి	ి	ద	ఇ	స	ి	ష
ఒ	య	ా	స	ి	స	్	ఖ	ఫ	ఉ	హ	ర	ష	ా	త	ఉ
స	ర	స	్	స	ు	అ	ధ	ర	ద	భ	ం	ఉ	హ	్	ణ
త	బ	డ	ల	గ	త	గ	శ	ఢ	జ	అ	ల	స	మ	త	ఉ
ష	ణ	డ	గ	అ	ణ	ఉ	ధ	భ	ష	వ	ఇ	ఒ	హ	డ	డ
త	స	ప	చ	క	ల	అ	గ	ఊ	వ	భ	స	గ	ష	ి	డ

బిచ్
గుహ
ఎడారి
గీజర్
హిమానీనదం
కొండ
మంచుకొండ
ద్వీపం
సరస్సు
పర్వతం
ఒయాసిస్
మహాసముద్రం
ద్వీపకల్పం
నది
సముద్ర
చిత్తడి
టండ్రా
లోయ
అగ్నిపర్వతం
జలపాతం

86 - Visual Arts

బ	ల	ధ	చ	ణ	ఉ	ప	శ	ఠ	వ	ప	మ	హ	స	ఫ	వ
ొ	ష	్	న	ి	ర	్	ా	వ	ష	ు	ం	య	ు	ో	ఈ
గ	ఏ	మ	చ	ఢ	త	ళ	ఉ	శ	ర	ర	ణ	ల	ద	ట	హ
్	ట	ై	ర	బ	ఇ	్	ప	ె	న	్	అ	ష	్	ో	ప
గ	వ	న	బ	శ	మ	స	త	క	ఢ	ా	ఢ	ళ	ద	ి	భ
ు	ా	ం	ఇ	మ	అ	త	్	ర	ల	క	త	భ	ఖ	ణ	శ
ప	ల	అ	త	వ	ళ	ఇ	భ	ట	ు	ఒ	ఢ	భ	అ	శ	ణ
డ	ు	ర	ు	క	ా	ా	ళ	క	ె	వ	ధ	ఫ	బ	ఇ	గ
ఒ	బ	త	మ	డ	అ	శ	ప	ణ	ఖ	న	ు	స	ణ	వ	చ
ం	ల	ఠ	ఢ	ణ	క	క	ఢ	క	శ	వ	్	స	క	ఫ	స
ర	్	ద	ృ	ష	్	ట	ి	క	ో	ణ	ం	స	ల	డ	త
బ	ల	స	ృ	జ	న	ా	త	్	మ	క	త	ల	ి	గ	ం
స	ె	ర	ా	మ	ి	క	్	స	్	ళ	ద	ం	క	ల	ఠ
య	ం	ఫ	బ	ఫ	ఠ	ం	ప	ె	న	్	స	ి	ల	్	్
బ	ం	క	మ	ట	్	ట	ి	న	ి	ర	్	మ	ా	ణ	ం
ప	ె	య	ి	ం	ట	ి	ం	గ	్	ఠ	మ	ధ	య	ఫ	బ

నిర్మాణం
కళాకారుడు
సెరామిక్స్
సుద్ద
బొగ్గు
బంకమట్టి
కూర్పు
సృజనాత్మకత
ఏటవాలు బల్ల
ఫోటో
రచన
పెయింటింగ్
పెన్
పెన్సిల్
దృష్టికోణం
చిత్తరువు
శిల్పం
స్టెన్సిల్
వార్నిష్
మైనం

87 - Plants

ం	క	ం	వ	వ	ె	ద	ు	ర	ు	త	భ	ల	స	ఫ	ఠ
వ	ణ	ఢ	ర	ృ	ద	ర	ల	ష	గ	ర	ద	జ	ష	ద	మ
క	ప	ఉ	ీ	ూ	క	స	చ	ఉ	గ	హ	ఉ	భ	బ	శ	గ
త	ప	ం	ర	ఉ	ట	్	స	్	ర	ె	ా	ఫ	చ	ఖ	ఉ
జ	ప	బ	్	ఫ	ు	్	ష	బ	త	శ	స	ర	చ	జ	ఖ
స	వ	ఒ	ె	ఉ	ట	ఉ	వ	శ	ష	క	్	ృ	వ	ఒ	మ
ప	ప	అ	బ	ర	్	భ	ృ	ఫ	ా	ఉ	ట	హ	మ	క	ఖ
గ	బ	ఈ	అ	బ	ె	శ	క	శ	ధ	స	క	ట	శ	ఠ	బ
మ	ర	ద	డ	గ	చ	ఢ	్	ే	జ	ల	్	ో	ష	ప	డ
బ	య	ధ	జ	డ	అ	అ	ష	అ	ర	ఠ	ా	త	డ	ప	ష
ు	ఆ	ర	న	్	ీ	బ	జ	ీ	వ	ఐ	క	శ	్	ష	శ
ష	క	ఒ	మ	డ	చ	ు	ా	న	ు	ణ	భ	మ	ఫ	ర	మ
్	ు	మ	ఈ	ి	ధ	మ	ల	ు	వ	ు	ు	ర	ఎ	వ	ం
ద	ల	హ	త	వ	ర	ం	ం	ణ	్	హ	ర	ఉ	స	క	మ
మ	ు	డ	ం	ా	క	ష	స	ల	ు	హ	ష	ఠ	అ	ఖ	ఖ
ళ	ఖ	చ	ద	గ	స	త	ఉ	య	ప	భ	ల	ర	ం	ఫ	మ

వెదురు
బీన్
బెర్రీ
వృక్షశాస్త్రం
బుష్
కాక్టస్
ఎరువులు
వృక్షజాలం
పువ్వు
ఆకులు
ఫారెస్ట్
తోట
గడ్డి
ఐవీ
నాచు
రేక
రూట్
కాండము
చెట్టు
వృక్ష

88 - Countries #2

క	ఉ	ణ	ప	మ	ధ	ఞ	ల	ష	శ	య	భ	ఒ	ద	స	ప
వ	క	య	ా	ర	ి	జ	ీ	ై	న	క	భ	ఢ	ఈ	ో	స
జ	్	ా	క	్	ర	్	మ	ా	న	్	ు	డ	హ	మ	ి
మ	ర	న	ి	ో	ల	భ	ల	ప	ప	ణ	ఉ	ా	ై	ా	ర
ై	ు	ి	స	స	స	ై	క	చ	ఈ	ం	ద	ం	ట	ల	ి
క	య	బ	్	ఈ	ం	ి	బ	ఠ	డ	వ	త	ా	ి	ి	య
ా	ి	ే	త	శ	అ	ఫ	క	ీ	హ	అ	జ	గ	మ	య	ా
ం	న	్	ా	య	త	య	ఫ	్	ర	ఒ	య	ఉ	భ	ా	ఈ
ప	్	ల	న	్	డ	ా	ా	స	ు	ి	ద	శ	ధ	ణ	క
ష	బ	అ	్	ఢ	జ	ప	ఈ	్	ల	మ	య	ఖ	ళ	స	ం
ర	ష	్	య	ా	ఢ	ి	ం	ర	ా	న	్	ా	ప	జ	క
భ	ర	ద	డ	వ	చ	య	ఒ	ీ	వ	మ	ే	ధ	చ	ం	ఖ
ఞ	ఠ	స	ఒ	ల	డ	ో	ఒ	్	ో	ణ	శ	ప	త	డ	ఒ
ష	ఉ	చ	శ	ళ	ఖ	ి	స	గ	స	ష	ల	ఒ	ా	ల	ధ
స	ఉ	స	ఉ	ఒ	ద	థ	ష	అ	్	శ	స	ద	య	ల	ఈ
ధ	చ	ద	గ	త	ప	ఇ	ల	ు	బ	న	ా	న	్	ఠ	్

అల్బేనియా
డెన్మార్క్
ఇథియోపియా
గ్రీస్
హైటి
జమైకా
జపాన్
లావోస్
లెబనాన్
లైబీరియా
మెక్సికో
నేపాల్
నైజీరియా
పాకిస్తాన్
రష్యా
సోమాలియా
సూడాన్
సిరియా
ఉగాండా
ఉక్రెయిన్

89 - Ecology

వ	ళ	య	గ	క	శ	ఉ	న	మ	ై	ర	థ	ి	ె	స	మ
ా	స	ం	ధ	య	వ	బ	ఇ	ో	మ	న	ు	గ	డ	య	ా
త	ం	ధ	ధ	ష	క	ఒ	డ	క	జ	ం	క	ధ	మ	ఉ	ర
ా	ఉ	ె	ప	క	ష	జ	ఫ	ె	మ	ా	వ	ఢ	మ	మ	ై
వ	ఈ	వ	హ	ె	స	హ	జ	క	ా	ఒ	త	ల	అ	ల	న
ర	త	ి	క	ృ	ర	ె	ప	ల	ర	శ	ఇ	ు	గ	భ	ె
ణ	ఉ	ై	ఠ	వ	ఒ	ప	మ	ు	ె	జ	డ	ు	ల	ల	త
ం	ణ	ా	హ	ఉ	ఖ	క	ం	ఖ	ష	ణ	బ	ర	ం	ు	డ
న	ి	వ	ా	స	ణ	ఫ	భ	చ	ె	ఫ	ణ	న	జ	త	భ
వ	ా	ల	ం	ట	ీ	ర	ె	ల	ు	భ	ం	వ	ా	ా	త
వ	ృ	క	ె	ష	జ	ా	ల	ం	ఇ	బ	త	జ	త	వ	అ
క	ల	ఒ	ల	స	గ	మ	ల	ధ	డ	ఒ	ష	ద	ు	ె	ర
య	ర	హ	స	చ	ణ	ష	ర	బ	జ	త	ం	య	ం	ర	స
భ	ల	ు	ట	ీ	న	ి	య	రా	ె	మ	క	ఢ	జ	ప	ం
జ	ఖ	క	వ	ఫ	ఉ	ళ	ఢ	శ	ఈ	ఠ	డ	గ	ం	ఖ	ఉ
ం	మ	శ	శ	ు	ఠ	య	మ	ఢ	ఢ	డ	ఒ	ఖ	బ	హ	ర

వాతావరణం
కమ్యూనిటీలు
వైవిధ్యం
కరువు
జంతుజాలం
వృక్షజాలం
ప్రపంచ
నివాస
మెరైన్
మార్ష్
పర్వతాలు
సహజ
ప్రకృతి
మొక్కలు
వనరులు
జాతులు
మనుగడ
స్థిరమైన
వృక్ష
వాలంటీర్లు

90 - Adjectives #2

ల	వ	ణ	ం	ప	ఈ	త	ఫ	ప	ఠ	ల	ఖ	స	బ	ష	జ
ఆ	అ	క	హ	ణ	వ	మ	క	ె	ఒ	ఉ	త	ఆ	హ	ఒ	ధ
డ	స	ళ	ధ	గ	ఒ	బ	త	ర	ు	ూ	ప	ర	డ	జ	ఉ
త	ల	క	ఈ	ల	బ	ఇ	ఢ	ా	ఢ	ఖ	ఢ	ో	భ	ఈ	త
హ	ష	ష	ె	ఠ	ఢ	ధ	క	మ	ఆ	శ	భ	గ	డ	ష	ె
క	మ	ఫ	హ	త	డ	వ	ళ	ా	క	ర	ద	ె	ి	న	ప
ొ	వ	హ	ఫ	ణ	ి	జ	అ	ణ	ల	అ	ఫ	య	ొ	ై	ా
త	ి	వ	ా	ఒ	ే	క	త	ి	ి	స	ధ	క	ప	మ	ద
ె	వ	వ	ర	త	వ	య	ర	క	త	డ	ద	ర	ఫ	ల	క
త	ర	అ	య	య	ె	ర	ం	మ	ో	జ	ె	మ	త	బ	వ
మ	ణ	డ	ప	ధ	ఫ	మ	స	గ	ై	న	స	ై	గ	ొ	స
ళ	ా	వ	ఠ	ె	ఈ	ఇ	ు	య	ష	న	ి	న	ం	క	భ
ల	త	ి	జ	ా	హ	ద	ఠ	ల	త	ద	ర	క	గ	స	ం
ణ	ె	బ	ద	బ	శ	ఫ	ల	ఉ	ై	స	ె	ఫ	ర	హ	ల
ప	మ	ప	బ	చ	ఫ	ష	య	గ	స	న	ప	య	ఈ	ఉ	బ
శ	క	మ	త	ె	న	ా	జ	ృ	స	డ	ం	ఇ	ఒ	స	ఫ

ప్రామాణిక
సృజనాత్మక
వివరణాత్మక
పొడి
సొగసైన
ప్రసిద్ధ
మహాత్ములైన
ఆరోగ్యకరమైన
వేడి
ఆకలితో
ఆసక్తికరమైన
సహజ
కొత్త
ఉత్పాదక
పెరు
బాధ్యత
లవణం
నిద్ర
బలమైన
అడవి

91 - Psychology

అ	ణ	ణ	ఞ	అ	హా	ం	మ	స	త	ె	క	ి	ి	చ	ద
ఢ	ం	డ	ఞ	ఠ	ల	ఉ	ఖ	ం	క	ల	ఢ	ం	ఉ	డ	అ
స	వ	చ	వ	ఉ	ద	చ	ఢ	ఘ	వ	ఉ	ల	ర	అ	ఈ	స
ఈ	మ	ం	న	ళ	ద	శ	క	ర	ి	మ	త	డ	వ	వ	ఫ
జ	ధ	స	ల	ా	వ	ం	త	ె	త	ి	క	ె	య	ె	వ
న	త	ర	ె	వ	ర	ె	ప	ష	స	మ	ఒ	ఆ	ల	గ	య
ం	ద	జ	క	య	అ	ఖ	ఉ	ణ	ె	రా	క	ల	ఠ	య	స
ల	చ	క	న	ల	ఫ	న	ల	శ	ా	ర	ఞ	ో	హా	వ	ఈ
చ	ఞ	త	ి	ఖ	త	ఉ	ు	ధ	వ	ె	ఫ	చ	ర	క	ఞ
ం	శ	క	ల	గ	య	ళ	వ	భ	మ	ఛ	ఢ	న	ఢ	స	హా
స	ధ	ం	ి	ర	న	హా	ా	గ	వ	అ	య	ల	అ	ఠ	ఫ
స	ం	ఫ	ె	ణ	డ	చ	భ	య	య	ా	ం	ు	ల	ల	క
ఉ	య	ప	క	ఒ	బ	భ	ా	ళ	ఒ	ఞ	ల	ఠ	హా	స	శ
ఢ	శ	ర	భ	ర	ఫ	ర	ర	ఉ	య	ఫ	ె	ు	ప	శ	ణ
న	ి	య	ా	మ	క	ం	ె	జ	ె	ఞ	ా	న	ం	ళ	ల
ఒ	ప	ళ	ఉ	ఢ	ర	ఫ	ప	ద	చ	గ	బ	ప	వ	భ	ఉ

నియామకం
అంచనా
ప్రవర్తన
బాల్యం
క్లినికల్
జ్ఞానం
సంఘర్షణ
కలలు
అహం
అనుభవాలు
ఆలోచనలు
ప్రభావాలు
అవగాహన
వ్యక్తిత్వం
సమస్య
వాస్తవికత
సంచలనం
చికిత్స
మూర్ఛ

92 - Math

జ	ఉ	వ	క	ళ	ఒ	క	భ	వ	ా	ల	్	య	రా	మ	్
్	బ	య	గ	జ	డ	జ	స	అ	మ	భ	మ	ళ	ల	మ	శ
య	హ	క	ో	య	ఉ	ప	ల	ఠ	ొ	ఫ	క	ఠ	ష	ఖ	మ
ా	ు	జ	ళ	వ	వ	ం	ఒ	మ	త	ఆ	న	వ	ా	ల	ు
మ	భ	న	ం	న	్	ి	భ	ఈ	్	చ	య	హ	త	ర	వ
ి	ు	ప	ణ	భ	ఢ	ఠ	క	భ	త	ల	ం	ఫ	ఠ	శ	ఖ
త	జ	ళ	ళ	ఇ	ు	య	ో	త	ం	ణ	ి	గ	క	ం	అ
ి	ి	ధ	క	ఈ	ఇ	ర	స	స	ం	య	ా	్	వ	ా	స
ల	ం	బ	ం	గ	ా	ఫ	ి	చ	మ	చ	శ	ష	గ	శ	మ
ు	ధ	ద	ఉ	ఇ	ఢ	జ	క	్	త	ా	య	ప	భ	ద	ర
య	క	జ	ఇ	ఈ	ళ	ణ	్	త	త	ు	ం	ష	ప	బ	రా
ఖ	బ	ళ	ఖ	ప	ఒ	గ	ూ	ం	ఖ	అ	ర	త	హ	క	ప
్	త	శ	య	ఠ	ఫ	క	మ	ఉ	ల	ఢ	ధ	స	ర	అ	త
ం	వ	్	య	ా	స	ా	ర	్	థ	ం	అ	చ	్	ఠ	ద
స	చ	ు	ట	్	ట	ు	క	ొ	ల	త	య	య	డ	ర	ఢ
భ	ఢ	జ	గ	ఈ	ఠ	ం	స	మ	ీ	క	ర	ణ	ం	మ	ం

మెక్సికో
అంకగణితం
దశాంశ
వ్యాసం
సమీకరణం
ఆనవాలు
భిన్నం
జ్యామితి
సంఖ్యలు
సమాంతర
చుట్టుకొలత
లంబంగా
బహుభుజి
వ్యాసార్థం
గోళం
చతురస్రం
మొత్తం
సమరూపత
త్రిభుజం
వాల్యూమ్

93 - Business

ం	డ	జ	ఫ	బ	ఠ	ం	ఎ	మ	య	ం	ా	ద	ఆ	శ	ఫ
అ	ఈ	ల	ఢ	ఇ	జ	క	క	మ	జ	ఢ	ళ	ట	ఫ	త	ె
మ	డ	క	జ	బ	బ	ా	న	స	మ	డ	బ	ె	చ	ల	య
అ	ం	గ	డ	ి	వ	ర	ా	య	ా	చ	ఠ	జ	ఢ	ఖ	ా
ఠ	హ	స	య	ఈ	ధ	ె	మ	ణ	న	ఠ	హ	ో	ఒ	ధ	క
ష	య	ర	స	గ	ఈ	య	ి	గ	ి	య	ౌ	ె	ద	ఉ	ె
ఇ	జ	ధ	ద	వ	ఇ	ా	క	బ	క	మ	వ	డ	జ	డ	ట
ళ	ఒ	బ	ర	మ	త	ల	ె	త	స	అ	ా	బ	ద	ి	ర
స	ర	ు	క	ు	ల	య	స	హ	డ	త	య	ల	మ	బ	ీ
ఠ	ణ	ె	జ	గ	ధ	ం	ె	ఒ	ఒ	హ	ళ	శ	చ	ట	మ
భ	య	బ	ర	న	ి	ర	ె	వ	ా	హ	క	ు	డ	ు	ప
ర	ఠ	డ	ఖ	ీ	ం	క	ం	ప	ో	న	ీ	ప	ధ	ట	ళ
య	ఉ	హ	స	బ	ో	ర	ద	ె	ద	ు	బ	చ	ళ	ె	ణ
శ	ఉ	ఠ	చ	ట	ె	క	ౌ	ం	స	ె	ి	డ	ఢ	ో	చ
ఉ	ఉ	ఒ	మ	ఠ	స	ఇ	మ	ల	ు	న	ు	ె	న	ప	క
జ	మ	అ	మ	ె	మ	క	ం	ఖ	డ	ఇ	ళ	జ	ఉ	హ	ళ

బడ్జెట్
కెరీర్
కంపెనీ
ధర
చలామణి
డిస్కౌంట్
ఎకనామిక్స్
ఉద్యోగి
యజమాని
ఫ్యాక్టరీ
రద్దు
ఆదాయం
పెట్టుబడి
నిర్వాహకుడు
సరుకుల
డబ్బు
కార్యాలయం
అమ్మకం
అంగడి
పన్నులు

94 - The Company

ప అ ల ర మ వ ఉ ప ప వ న ర ు ల ు ఠ
ర వ ఇ ద ఫ ఫ త ్ ప ె డ య త త బ ళ
ి క ఫ ధ ఖ ణ ె ట ె య ర శ ి త త ల
శ ా డ ఒ ఖ ద ప ె ర ా హ ద గ య అ ర
ె శ ఈ బ శ డ త ట మ న ధ చ ర ణ ఫ డ
ర ం ఢ ఉ ష శ ె ు ా ి ప బ ో ె ర ం
మ ల ప ష శ ఇ త బ ద ట ె ఢ ు ా శ ణ
క ీ ర ె త ి ి డ ా ె ర బ ప న జ న
న ి ర ె ణ య ం ి ల ల ొ వ ర ళ త ఉ
ప ె ర ప ం చ ం మ ు ు ఫ ె వ ఉ ఫ ఠ
వ ి న ా త ె న ా జ ఠ ్ య బ ధ ణ ద
ఖ హ ఖ భ ఉ ధ వ ఇ ద ఈ ష ా ష జ ఠ జ
త ఈ అ గ ఢ ి ఇ త వ ఆ న ప మ ళ ల త
ళ స ృ జ న ా త ె మ క ల ా క య మ గ
జ ప ళ ణ భ ప ం బ మ ం ె ర శ గ య ం
ఢ డ బ ం ఈ ఉ ళ య హ బ బ ం జ ష ప ఫ

వ్యాపారం
సృజనాత్మక
నిర్ణయం
ఉపాధి
ప్రపంచ
పరిశ్రమ
వినూత్న
పెట్టుబడి
అవకాశం
ప్రదర్శన
ఉత్పత్తి
ప్రొఫెషనల్
పురోగతి
నాణ్యత
కీర్తి
వనరులు
ఆదాయం
ప్రమాదాలు
యూనిట్లు

95 - Literature

వ	మ	ఞ	ఫ	ద	భ	ఠ	థ	క	ళ	ఞ	ఖ	ర	భ	శ	ప
త	ి	య	చ	ర	ఠ	త	ీ	వ	స	ం	భ	ా	ష	ణ	ద
ల	అ	శ	ఢ	ఞ	ఖ	ం	మ	ి	న	ప	ె	ల	క	డ	ె
ఖ	ష	హ	ె	హ	వ	ల	ె	త	ప	వ	య	ల	అ	ం	య
మ	ప	ఞ	త	ల	ళ	య	ఉ	ా	భ	శ	ల	య	ి	క	ం
ఫ	శ	గ	భ	ఈ	ే	ఞ	గ	త	ఈ	ళ	డ	య	బ	ై	ఞ
వ	ధ	చ	మ	ద	ం	ష	ా	ి	వ	హ	ష	త	ం	హ	శ
స	బ	వ	ఠ	ఞ	ధ	క	ణ	హ	య	ఫ	య	ఉ	ఫ	య	స
స	బ	శ	వ	మ	య	థ	ర	అ	ఒ	జ	య	ధ	ఞ	ఒ	ా
చ	ర	ష	ధ	వ	అ	క	వ	భ	ల	హ	ఢ	స	ష	అ	ర
గ	ా	ద	ష	ద	ఫ	ు	ి	ఞ	శ	ఖ	ల	ళ	ఫ	జ	ా
ఞ	ప	య	మ	జ	ద	డ	వ	ణ	ద	ఈ	ఠ	స	ఉ	ప	ప
గ	క	ప	చ	ఈ	స	ు	మ	ు	గ	ి	ం	ప	ు	ో	ె
ఉ	ం	ధ	ఫ	అ	అ	భ	ి	ప	ె	ర	ా	య	ం	ల	య
జ	ీ	వ	ి	త	చ	ర	ి	త	ె	ర	డ	ఢ	య	ి	త
ఠ	మ	ప	ష	గ	క	ఫ	ళ	త	ర	త	డ	హ	బ	క	చ

సారూప్యత
విశ్లేషణ
కథ
రచయిత
జీవిత చరిత్ర
పోలిక
ముగింపు
వివరణ
సంభాషణ
కల్పన
రూపకం
కథకుడు
నవల
అభిప్రాయం
పద్యం
కవితా
లయ
శైలి
థీమ్
విషాదం

96 - Geography

ద	ర	ణ	మ	త	శ	ఎ	త	ె	త	ు	ఢ	ఒ	ఠ	ఠ	క
ద	క	న	గ	ర	ం	మ	హ	ా	స	మ	ు	ద	ె	ర	ం
ష	ర	ె	ఫ	ప	ే	అ	క	ె	ష	ా	ం	శ	ం	ష	స
ఢ	య	ఒ	ష	ర	ద	ప	ఉ	స	వ	ల	ప	మ	శ	ఢ	బ
స	ణ	ఠ	వ	ి	అ	య	ఖ	చ	చ	ణ	ష	క	జ	గ	ష
గ	హ	శ	ర	ద	ణ	ఖ	గ	ర	ణ	బ	ఠ	ఢ	డ	స	ద
ప	భ	ం	చ	న	బ	శ	ం	ఉ	చ	ళ	డ	వ	ళ	ద	ఖ
ె	ఉ	ఫ	ం	ె	ప	స	భ	డ	త	త	మ	ప	ఖ	ల	డ
ర	మ	డ	ప	య	ర	స	ా	ఫ	ం	ె	ఞ	ట	జ	ణ	ఉ
ా	ం	ద	ం	డ	స	స	ౌ	ళ	ఞ	ల	త	ం	ఠ	ర	ఉ
ం	ప	త	ర	ి	ఞ	మ	భ	అ	డ	ర	శ	ర	ణ	బ	ఠ
త	ం	వ	ె	ర	ప	ు	అ	ట	ె	ల	ా	స	ె	చ	చ
ం	వ	ధ	ప	ి	ఠ	ద	హ	హ	మ	గ	ధ	జ	బ	ధ	ఈ
త	ై	స	శ	ూ	ద	ె	ఒ	అ	ం	చ	ళ	ణ	ల	ష	క
ఫ	ె	హ	ఉ	మ	హ	ర	ప	జ	ళ	అ	ణ	చ	మ	వ	స
భ	ద	డ	ఉ	ళ	అ	ర	ె	ధ	గ	ో	ళ	ం	ర	డ	మ

ఎత్తు
అట్లాస్
నగరం
ఖండం
దేశం
అర్ధగోళం
ద్వీపం
అక్షాంశం
పటం
మెరిడియన్
పర్వతం
ఉత్తర
మహాసముద్రం
ప్రాంతం
నది
సముద్ర
దక్షిణ
భూభాగం
పడమర
ప్రపంచం

97 - Jazz

ఆ	అ	ఖ	ఇ	బ	ధ	ధ	ష	జ	భ	ఒ	ఖ	గ	ఫ	ఠ	ధ
ల	ు	వ	ా	భ	ా	ర	ె	ప	హ	ప	ఫ	హ	డ	ప	హ
ె	స	య	డ	ణ	ధ	ద	ె	స	ి	ర	ె	ప	వ	ధ	ల
బ	ఠ	ం	ళ	ఖ	ళ	శ	ఈ	చ	ధ	ల	ణ	ు	క	ఇ	స
మ	ఠ	హ	గ	ఈ	ఠ	ై	స	ె	వ	ర	క	ర	ె	త	ం
ె	ద	ఫ	బ	ీ	య	ల	క	ె	న	ి	క	ె	ా	ట	గ
ధ	ల	స	డ	స	త	ి	ప	గ	మ	శ	డ	ా	హ	త	ీ
గ	శ	ఠ	ఢ	హ	క	ం	ా	ఇ	ఢ	ె	ు	క	మ	య	త
ప	ె	ర	త	ి	భ	ఫ	ట	ప	ా	త	ర	ీ	ే	చ	క
అ	భ	ి	వ	ృ	ద	ె	ద	ి	అ	వ	ు	ె	ఖ	డ	ా
ణ	ఇ	ష	ె	ట	మ	ా	ై	న	ల	ఫ	క	చ	డ	ర	ర
శ	ఖ	ఠ	త	య	ఈ	డ	స	గ	అ	ణ	ా	ఉ	ల	ళ	ు
బ	ళ	స	య	ఈ	ద	వ	శ	హ	అ	ఇ	ా	స	హ	ద	ల
ధ	భ	ఒ	ం	ఒ	ల	ఠ	ల	మ	ల	ఒ	ళ	ధ	ళ	చ	ు
ఆ	ర	ె	క	ా	స	ె	ట	ె	ర	ా	క	చ	ధ	వ	ప
క	ౌ	త	ె	త	మ	చ	ఫ	చ	ద	ఫ	ళ	ల	ణ	ఇ	అ

ఆల్బమ్
కళాకారుడు
స్వరకర్త
కూర్పు
కచేరీ
డ్రమ్స్
ప్రసిద్ధ
ఇష్టమైన
అభివృద్ధి
ప్రభావాలు

సంగీతం
సంగీతకారులు
కొత్త
పాత
ఆర్కెస్ట్రా
లయ
పాట
శైలి
ప్రతిభ
టెక్నిక్

98 - Nature

అ	ఖ	ర	క	్	మ	ి	న	ై	డ	ఉ	ప	ప	ళ	య	ష
ద	భ	క	భ	ొ	అ	డ	వ	ి	జ	ష	ర	ొ	ప	భ	స
ఫ	ఒ	య	వ	ళ	త	ం	క	ఒ	ం	్	్	గ	గ	ఢ	డ
క	భ	అ	ా	ద	ఒ	య	య	స	త	ణ	వ	మ	ప	వ	ఫ
మ	చ	మ	ఈ	ర	ి	ా	డ	ఎ	ు	మ	త	ం	ప	హ	ా
ం	ఇ	భ	హ	ఉ	ణ	ఫ	జ	భ	వ	ం	ా	చ	జ	త	ర
న	మ	ై	ల	మ	ర	్	ి	న	ు	డ	ల	ు	ద	ఫ	ె
జ	ష	ణ	ు	య	చ	య	య	ఢ	ల	ల	ు	భ	ల	స	స
ఠ	ె	వ	ఘ	అ	డ	ఢ	ఈ	ం	ు	క	ఇ	వ	ఇ	వ	్
ణ	ల	భ	ా	త	ం	ఠ	గ	ఒ	హ	ల	బ	ద	చ	ష	ట
ణ	్	క	ే	బ	ళ	ద	ం	న	న	ీ	మ	ా	ి	హ	్
న	ట	ఒ	మ	ఈ	ణ	ల	ం	ప	భ	క	ఆ	క	ు	ల	ు
ద	ర	త	ఒ	త	ే	న	ె	ట	ీ	గ	ల	ు	ర	త	హ
ి	్	బ	ప	వ	ష	ఫ	గ	ఖ	గ	ళ	భ	ఢ	ం	ఠ	త
జ	అ	డ	ఢ	క	ఆ	ర	్	క	ి	ట	ి	క	్	అ	ద
భ	ఒ	య	ఇ	ప	య	ఈ	బ	డ	ఉ	ఫ	ప	భ	త	క	ఫ

జంతువులు
ఆర్కిటిక్
అందం
తేనెటీగలు
మేఘాలు
ఎడారి
డైనమిక్
కొత్త
పొగమంచు
ఆకులు
ఫారెస్ట్
హిమానీనదం
పర్వతాలు
నది
అభయారణ్యం
నిర్మలమైన
షెల్టర్
ఉష్ణమండల
కీలక
అడవి

99 - Vacation #2

ప	ఈ	హా	ఞ	వ	చ	డ	డ	జ	డ	ఠ	ఠ	ణ	శ	ర	ఫ
ష	భ	ో	క	బ	ఒ	ఞ	ల	స	ప	చ	ధ	ద	ళ	భ	ప
భ	వ	ట	ె	ర	ూ	ం	ట	ా	స	ె	ూ	ర	ఒ	ధ	ప
గ	స	ల	ె	త	బ	ట	ణ	్	్	్	బ	మ	ఞ	ం	ఖ
స	మ	ె	అ	ర	్	ప	చ	వ	క	బ	ర	వ	ా	ణ	ా
మ	వ	ె	ద	స	ె	ర	భ	త	ె	వ	స	ఈ	వ	త	మ
ు	ి	వ	య	ళ	య	ప	ి	ర	ా	ప	త	ఉ	త	ణ	గ
ద	ద	ి	ధ	ం	క	ణ	ో	క	ట	ఖ	హా	ళ	అ	ఠ	ఈ
ె	ే	ద	ళ	ర	ణ	య	ఠ	స	ప	ె	ర	య	ా	ణ	ం
ర	శ	ే	అ	చ	య	ం	ర	శ	ె	న	ా	మ	ా	ి	వ
బ	్	శ	భ	హా	వ	మ	స	క	బ	ా	ఠ	భ	య	ళ	హా
హా	ల	్	ధ	ష	శ	ధ	చ	చ	ప	డ	ప	ణ	ధ	బ	ఞ
ఖ	ఫ	య	డ	ే	ర	ా	ద	ద	ఠ	ల	ళ	జ	ఈ	గ	ఉ
ల	ం	ు	ప	ర	ె	వ	త	ా	ల	ు	ళ	క	ర	ష	ళ
జ	ఒ	డ	మ	ద	ె	వ	్	ప	ం	ృ	ష	ల	ల	వ	వ
ఖ	ఈ	ు	స	ూ	ల	వ	ు	ఞ	ల	ర	హా	ణ	డ	ళ	స

విమానాశ్రయం
బీచ్
గమ్యం
విదేశీ
విదేశీయుడు
సెలవు
హోటల్
ద్వీపం
ప్రయాణం
తీరిక
పటం
పర్వతాలు
పాస్పోర్ట్
రెస్టారెంట్
సముద్ర
టాక్సీ
డేరా
రైలు
రవాణా
వీసా

100 - Electricity

స	జ	అ	చ	బ	ఉ	ఒ	చ	ఫ	ఈ	క	ఫ	ఉ	ష	బ	త
అ	ా	న	్	ఫ	ో	ల	ి	ూ	ట	ష	ద	ఒ	ఇ	ష	్
య	హ	క	ర	్	జ	ే	ల	క	ా	ు	న	అ	ప	ద	య
స	అ	య	ూ	ే	బ	ల	్	బ	్	ఒ	ణ	మ	అ	ఖ	ు
్	జ	భ	ఈ	ట	ట	ఇ	ఇ	ఖ	శ	ణ	త	బ	భ	జ	ద
క	హ	చ	డ	క	్	ర	ట	ూ	ల	ి	వ	ి	జ	న	్
ా	ల	ు	వ	ు	త	ు	్	స	వ	య	ల	ల	క	ం	ి
ం	్	మ	భ	ఇ	ణ	ఋ	ణ	ఫ	వ	ళ	్	ఇ	ధ	ధ	వ
త	బ	ద	ీ	ప	ం	త	శ	హ	డ	మ	ి	ష	ళ	ఉ	ష
ం	ు	ఖ	ళ	చ	మ	బ	హ	జ	ఉ	ఇ	న	ణ	క	య	ఖ
హ	ే	మ	ఠ	బ	ా	శ	భ	జ	బ	్	య	ా	ట	ర	ీ
ఢ	క	ఖ	బ	త	ి	శ	ఢ	ద	ా	వ	య	గ	త	ఢ	ణ
మ	అ	మ	ర	ఫ	ర	హ	హ	స	బ	ల	మ	ల	ీ	వ	ఉ
ఇ	ణ	ఢ	ఒ	ఠ	ప	చ	ఖ	అ	జ	బ	ి	య	గ	ఈ	ఠ
ఒ	ఉ	గ	ఇ	డ	భ	ర	క	చ	బ	బ	ప	క	ల	ఢ	ఫ
ఎ	ల	క	్	ట	్	ర	ీ	ష	ి	య	న	్	ు	ష	ఠ

బ్యాటరి
బల్బ్
కేబుల్
విద్యుత్
ఎలక్ట్రీషియన్
జనరేటర్
దీపం
లేజర్
అయస్కాంతం
ఋణ
జాలిక
వస్తువులు
అనుకూల
పరిమాణం
సాకెట్
నిల్వ
టెలిఫోన్
టెలివిజన్
తీగలు

1 - Antiques

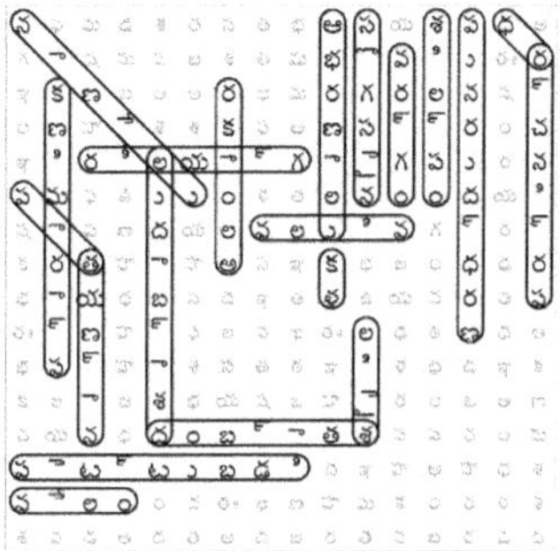

2 - Food #1

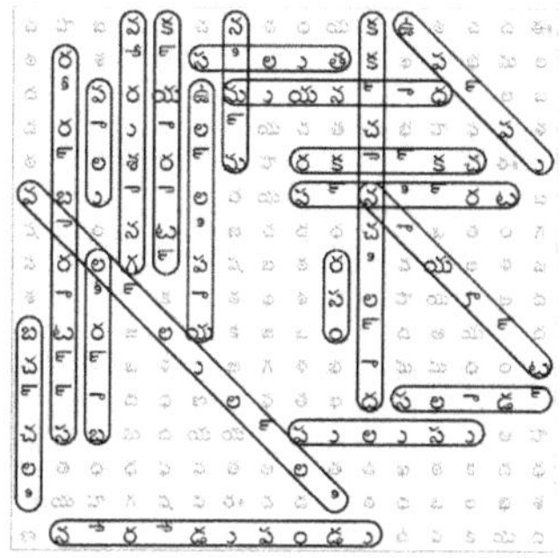

3 - Measurements

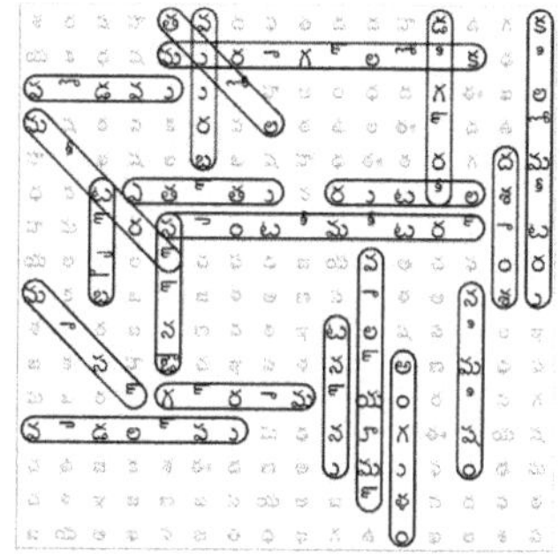

4 - Farm #2

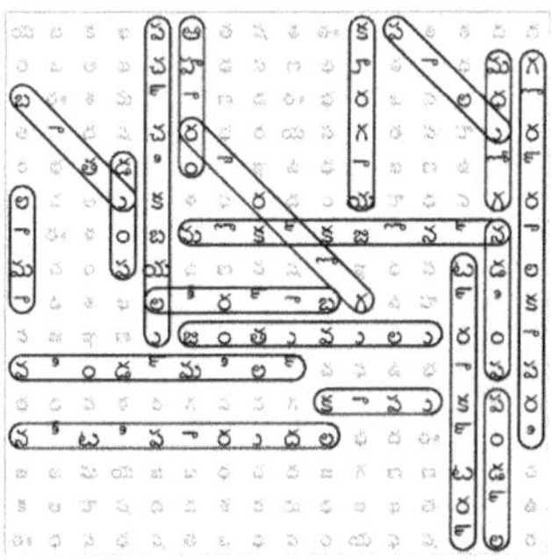

5 - Books

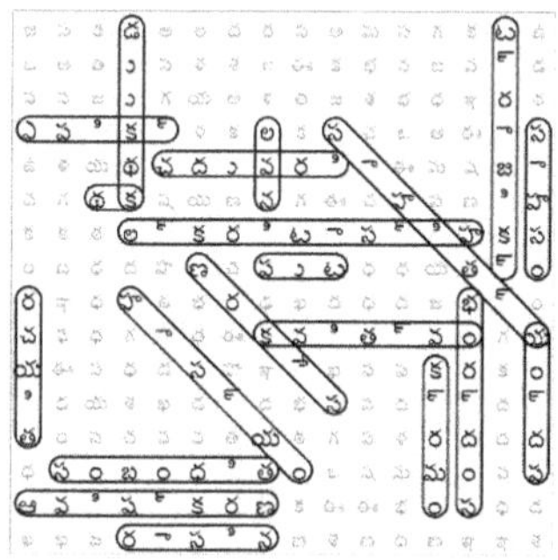

6 - Meditation

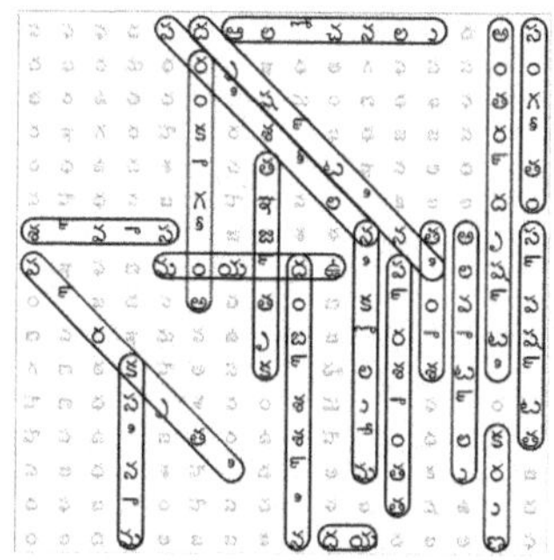

7 - Days and Months

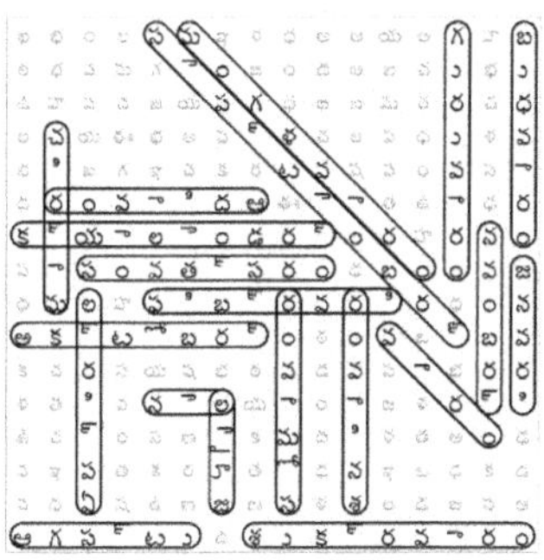

8 - Energy

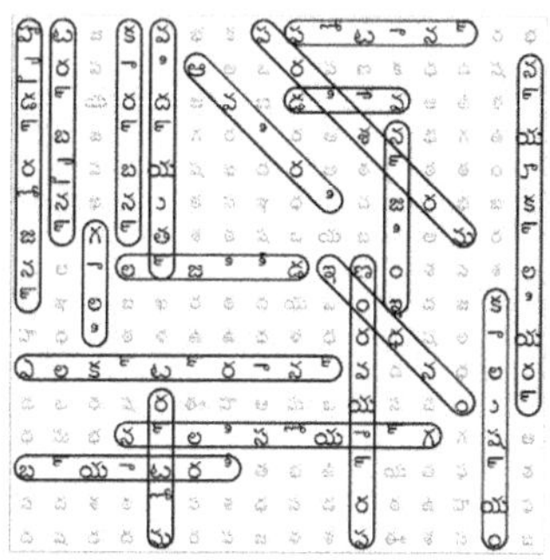

9 - Archeology

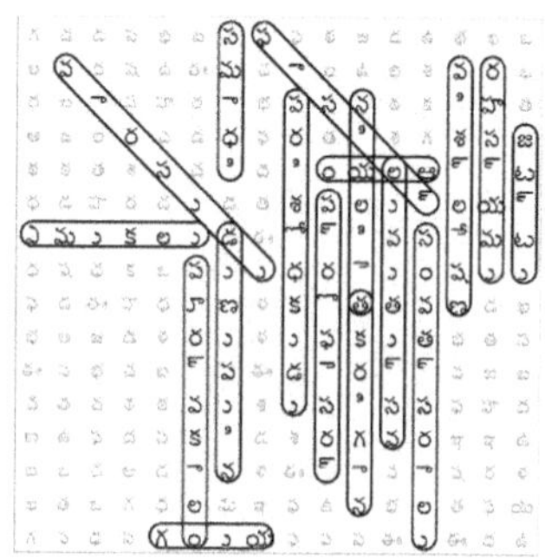

10 - Food #2

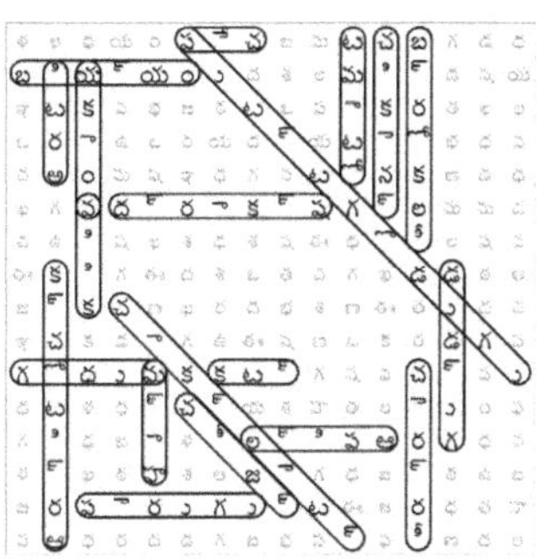

11 - Chemistry

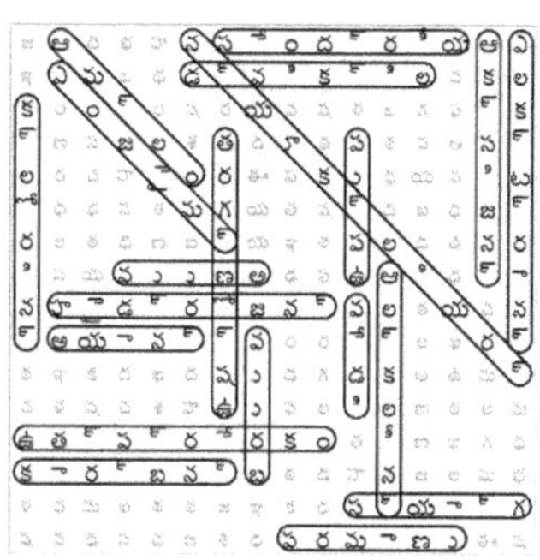

12 - Music

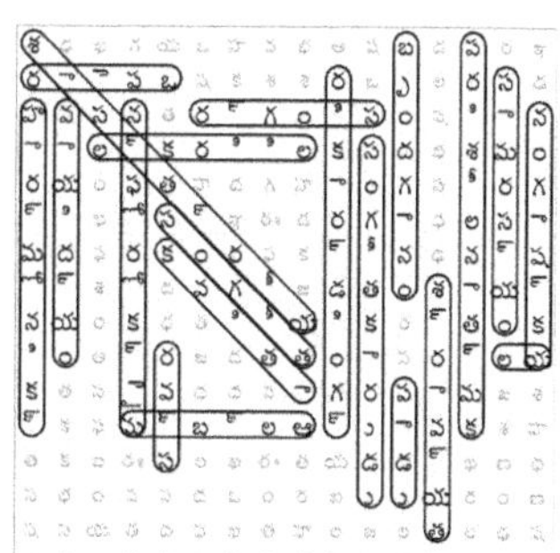

13 - Family

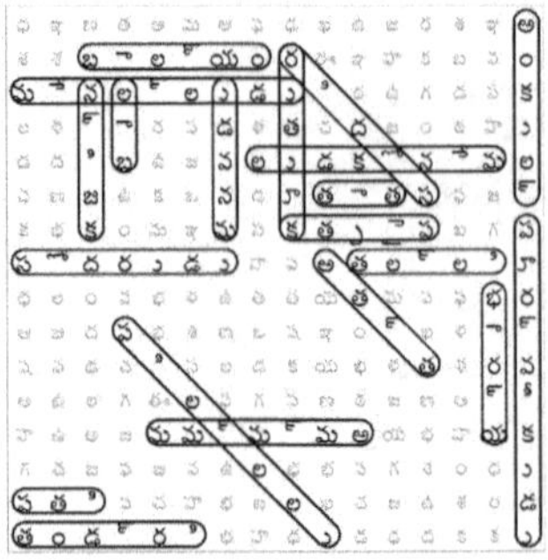

14 - Farm #1

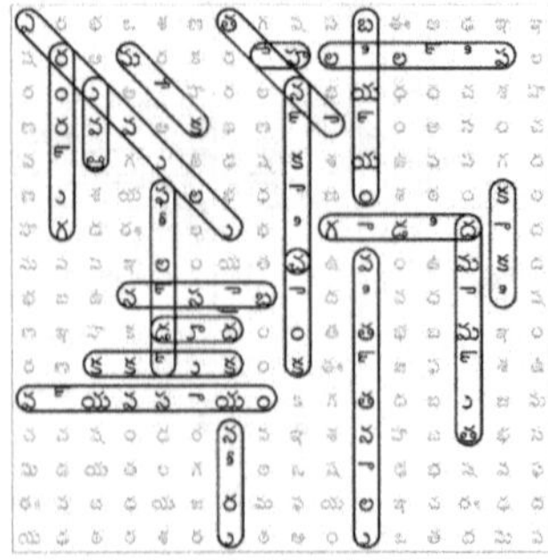

15 - Camping

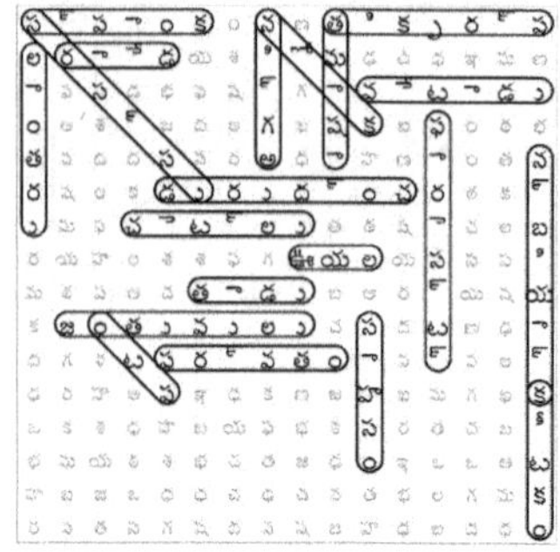

16 - Algebra

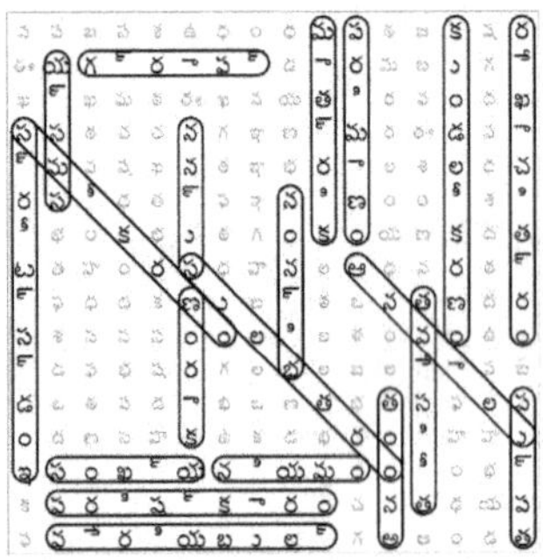

17 - Numbers

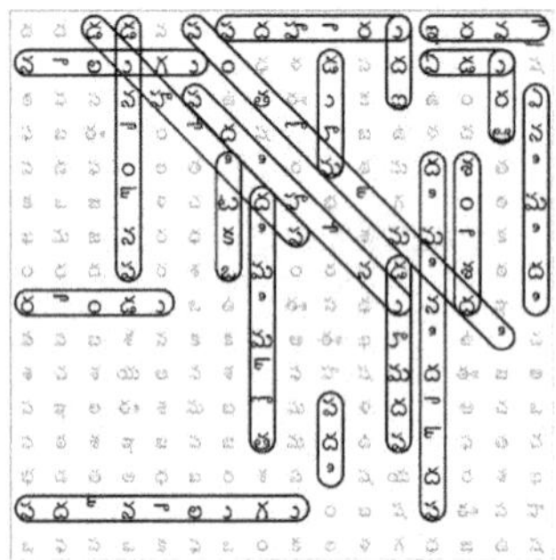

18 - Spices

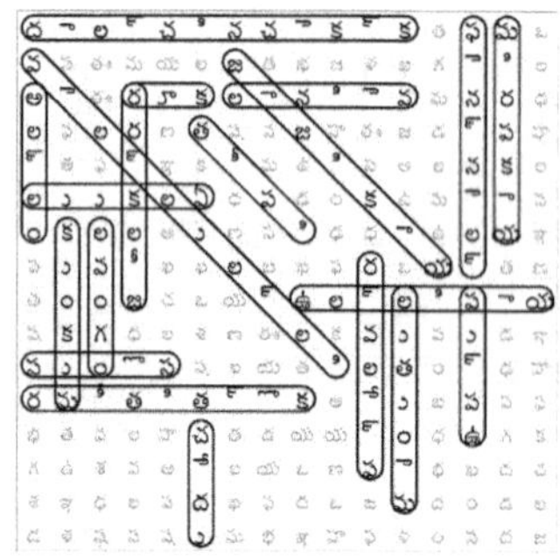

19 - Universe

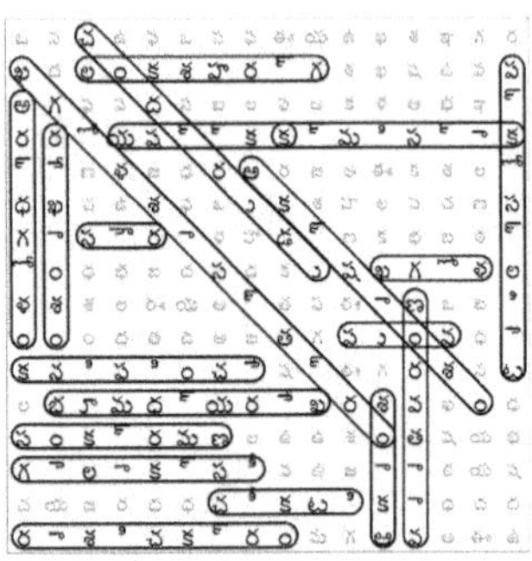

20 - Mammals

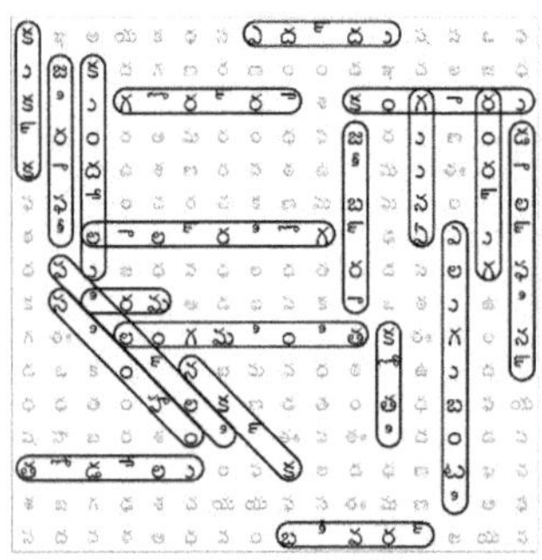

21 - Restaurant #1

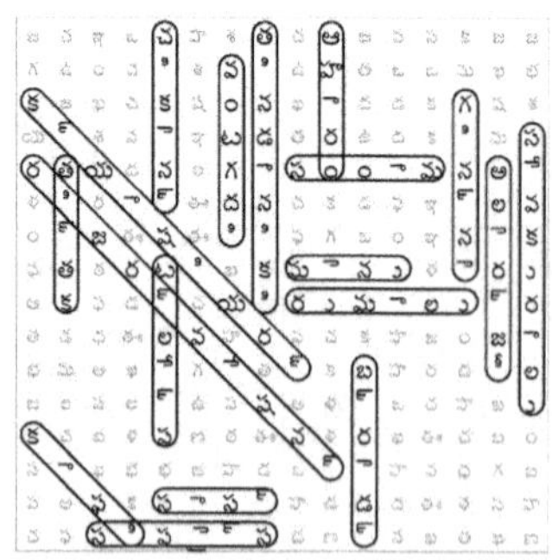

22 - Bees

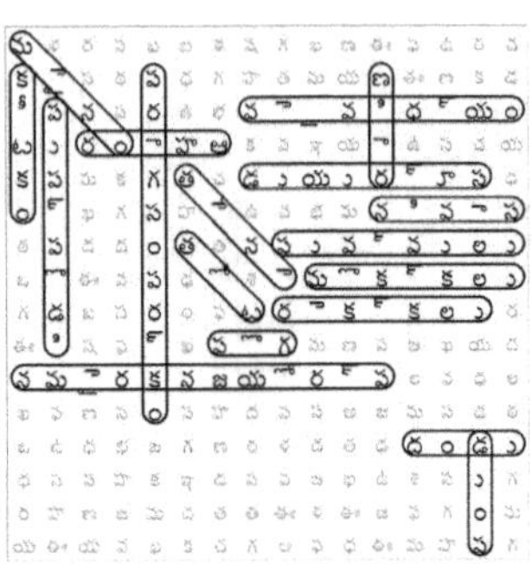

23 - Photography

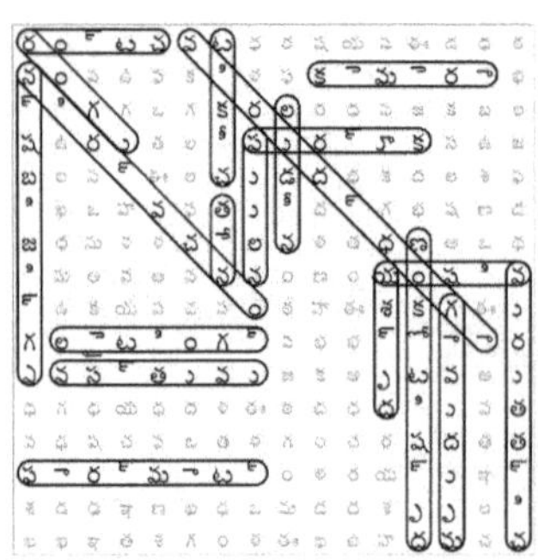

24 - Weather

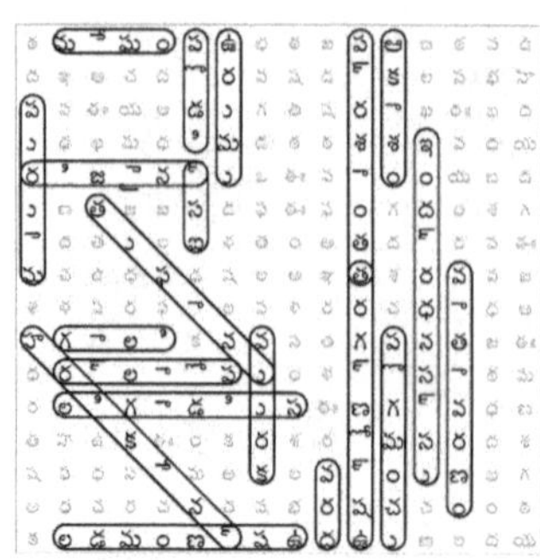

25 - Adventure

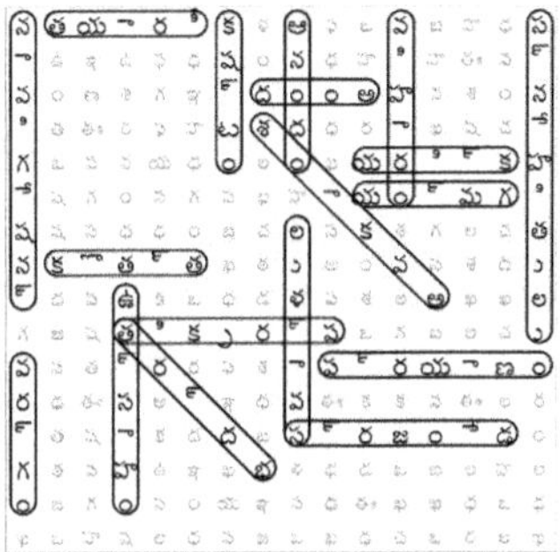

26 - Restaurant #2

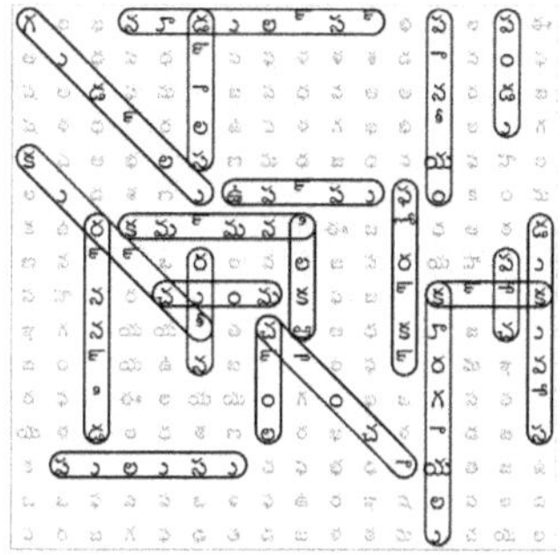

27 - Geology

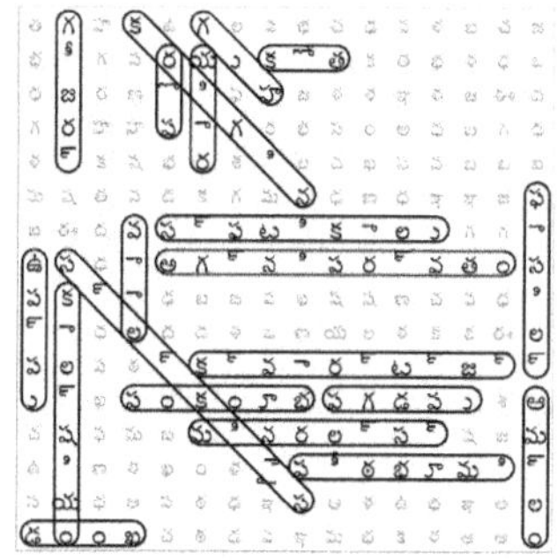

28 - House

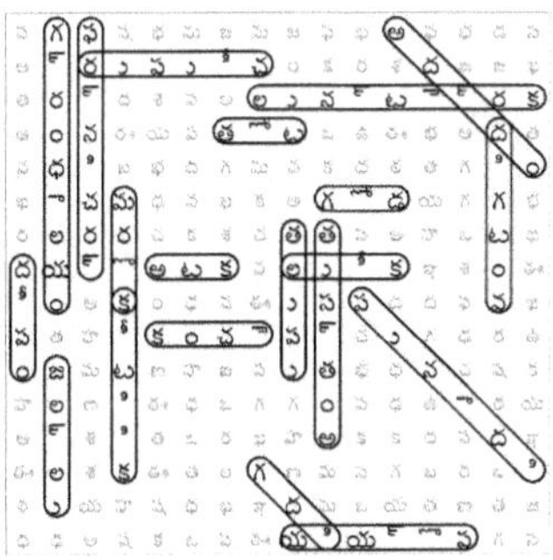

29 - Physics

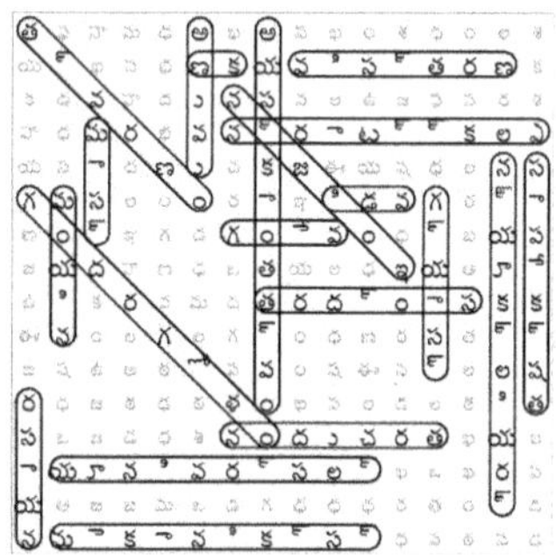

30 - Dance

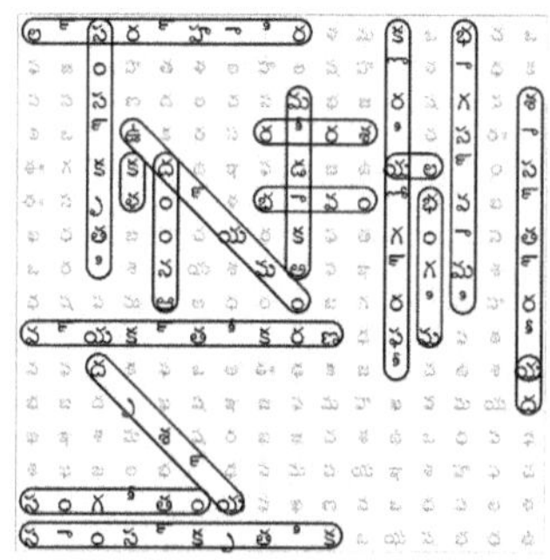

31 - Coffee

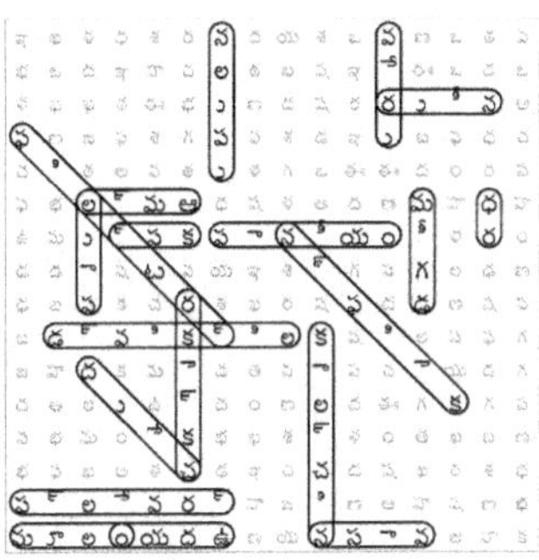

32 - Shapes

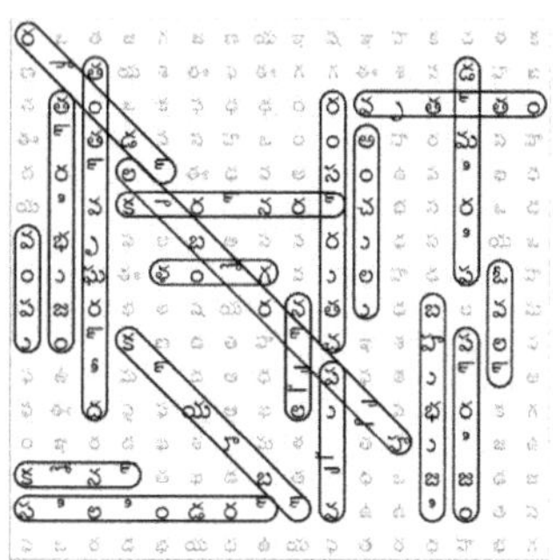

33 - Scientific Disciplines

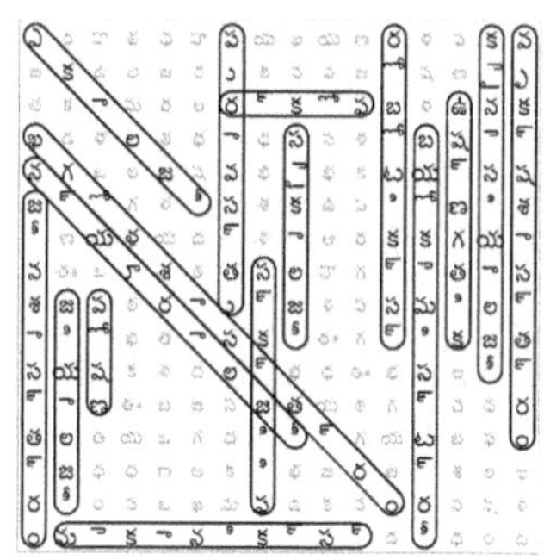

34 - Science

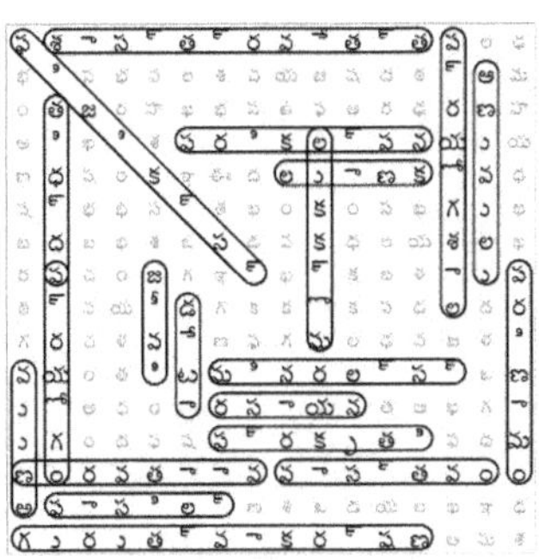

35 - Beauty

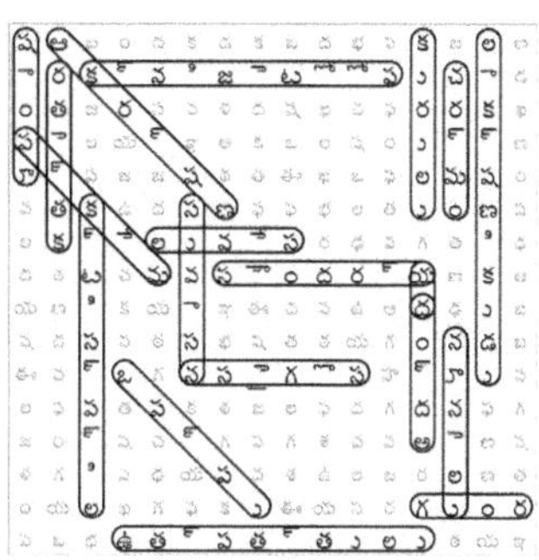

36 - Clothes

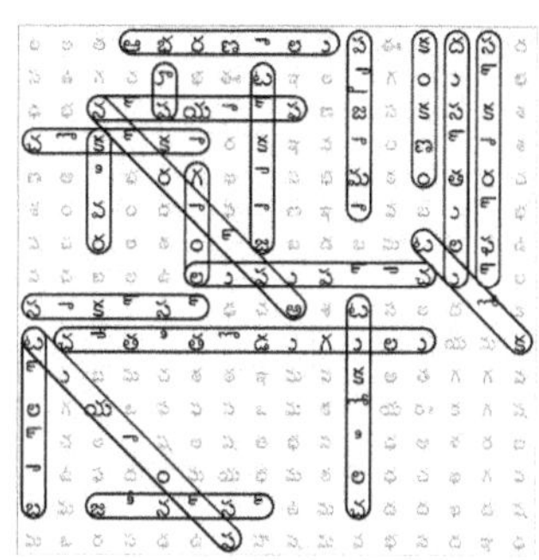

37 - Ethics

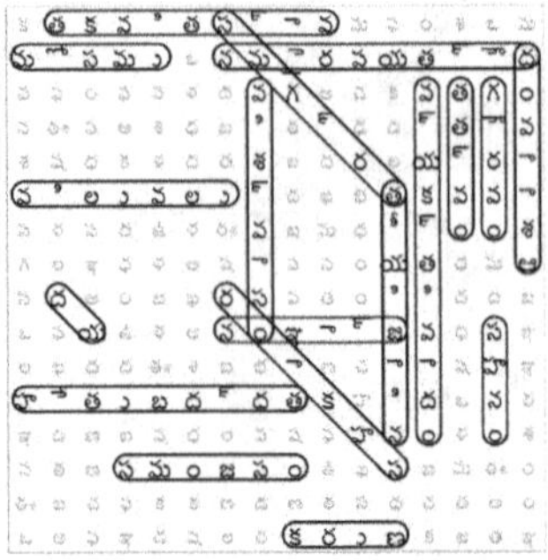

38 - Astronomy

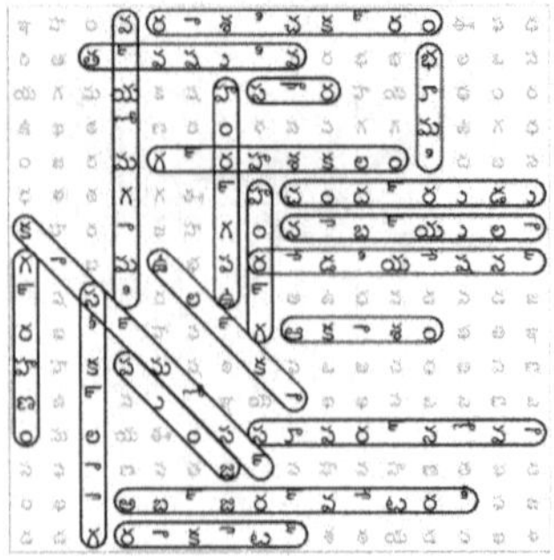

39 - Health and Wellness #2

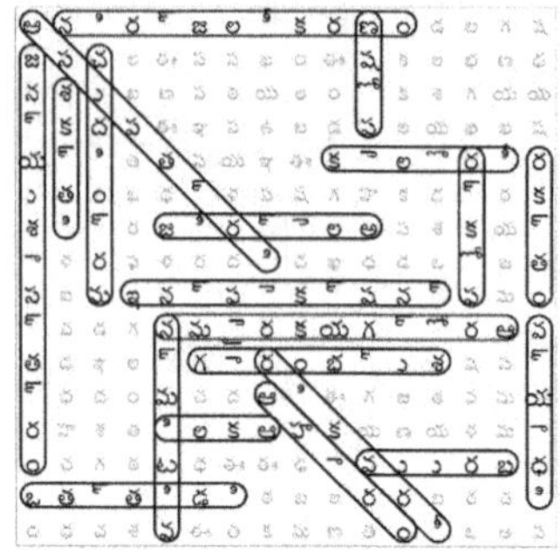

40 - Disease

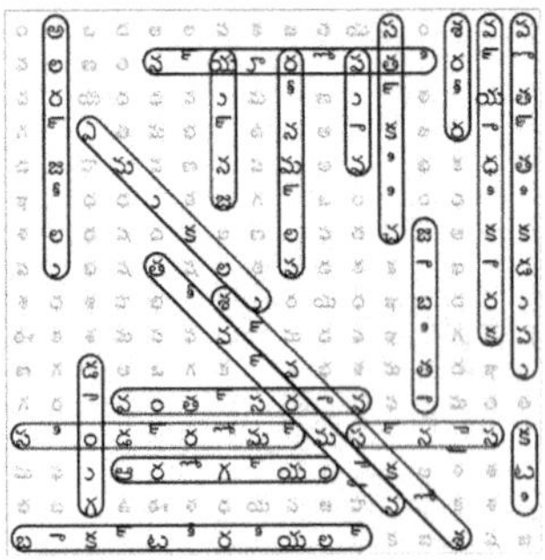

41 - Time

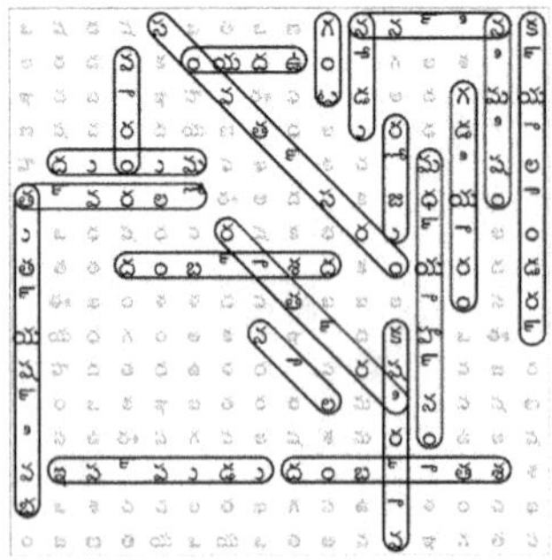

42 - Buildings

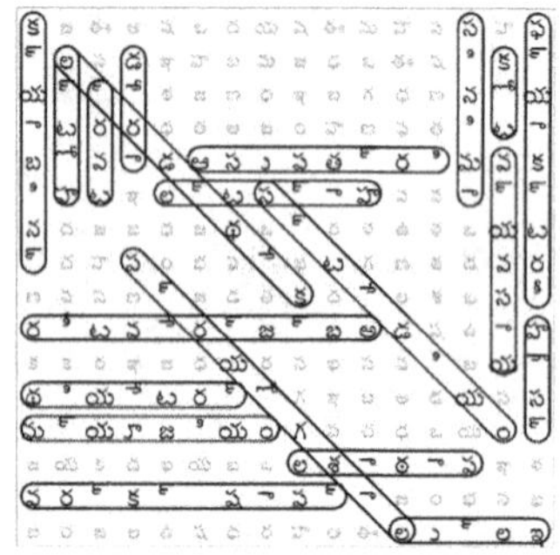

43 - Philanthropy

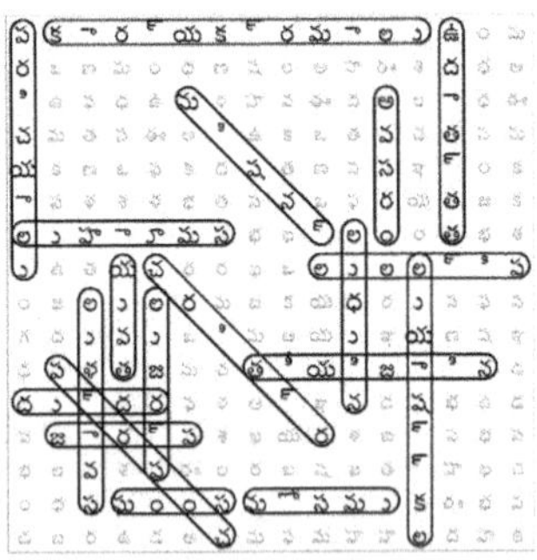

44 - Gardening

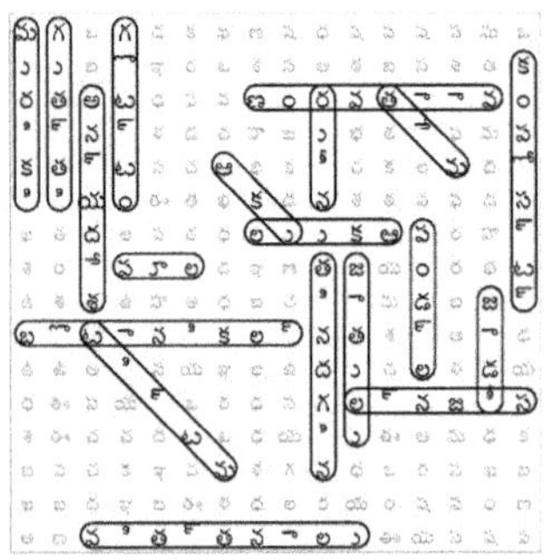

45 - Herbalism

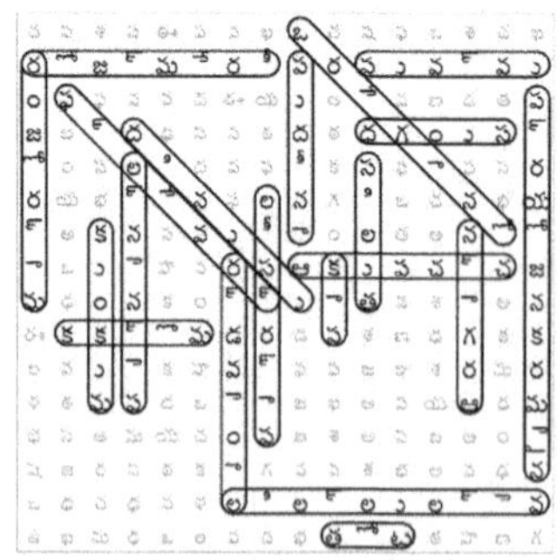

46 - Vehicles

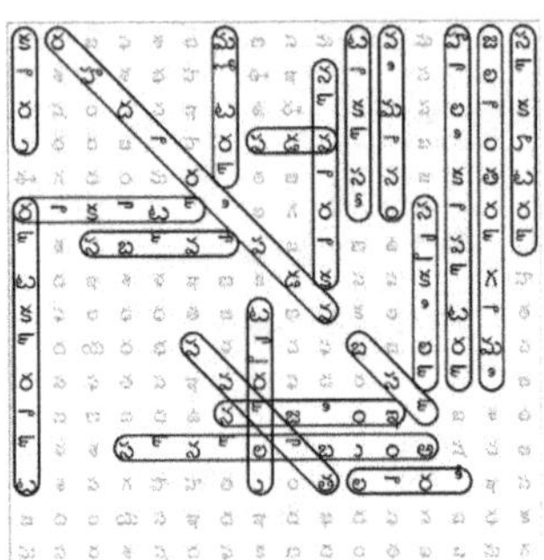

47 - Health and Wellness #1

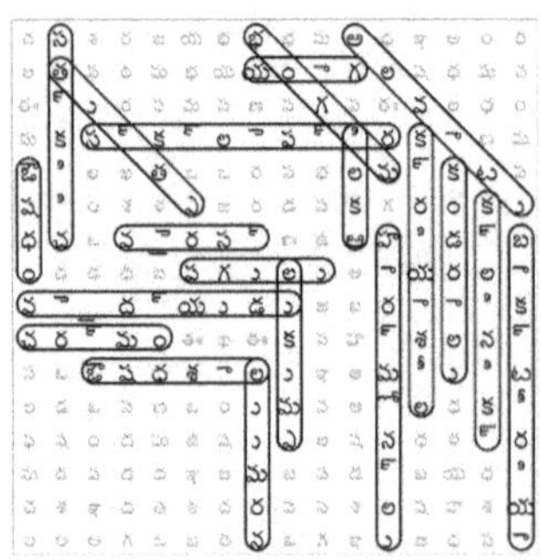

48 - Town

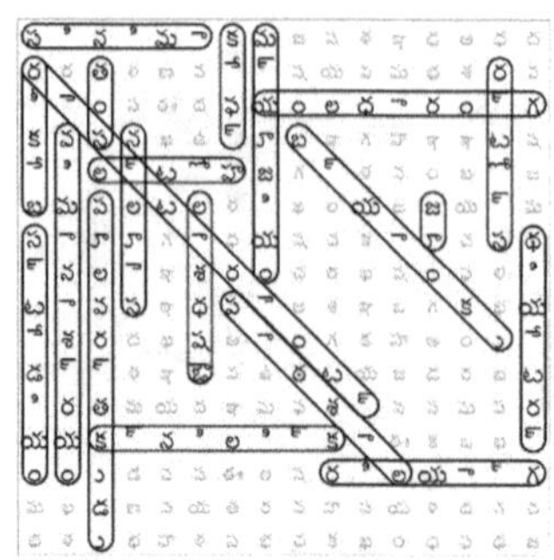

49 - Antarctica

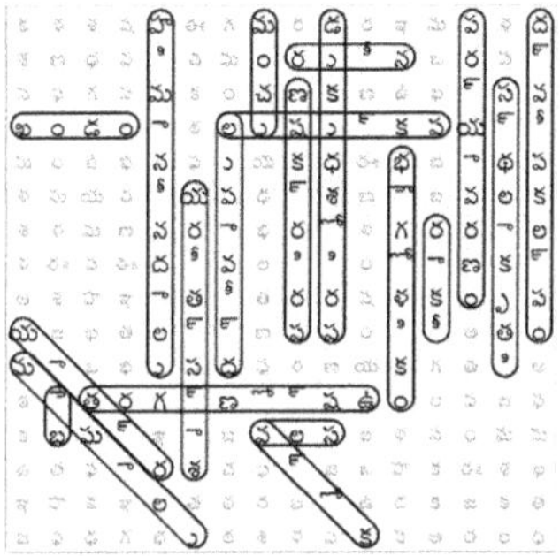

50 - Fashion

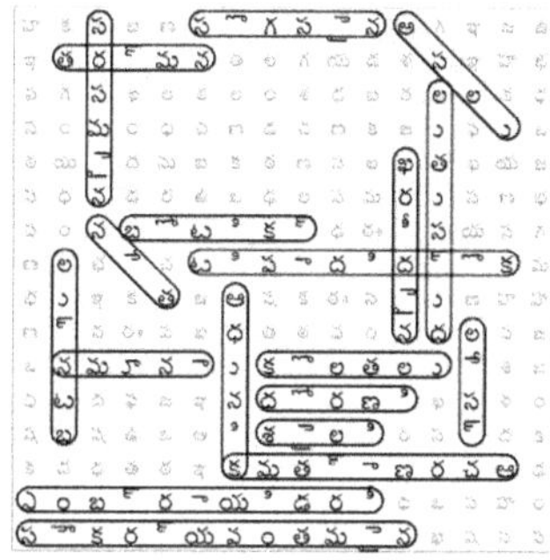

51 - Human Body

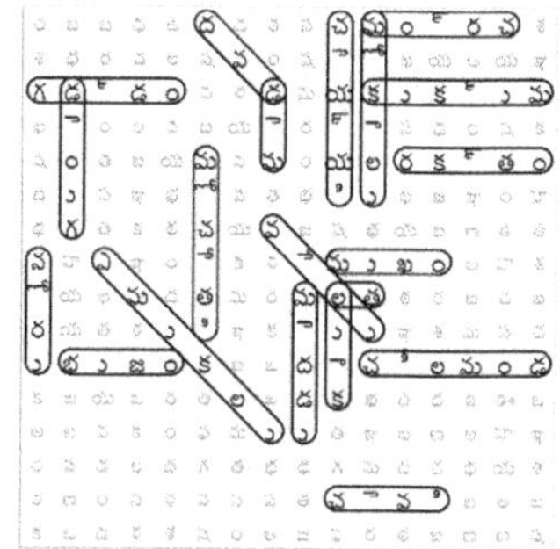

52 - Musical Instruments

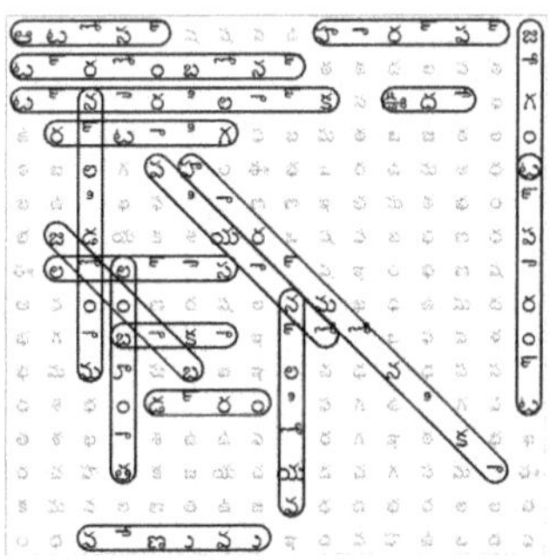

53 - Fruit

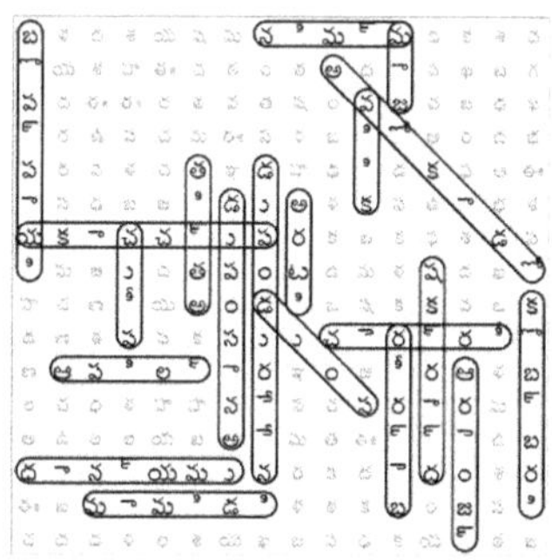

54 - Engineering

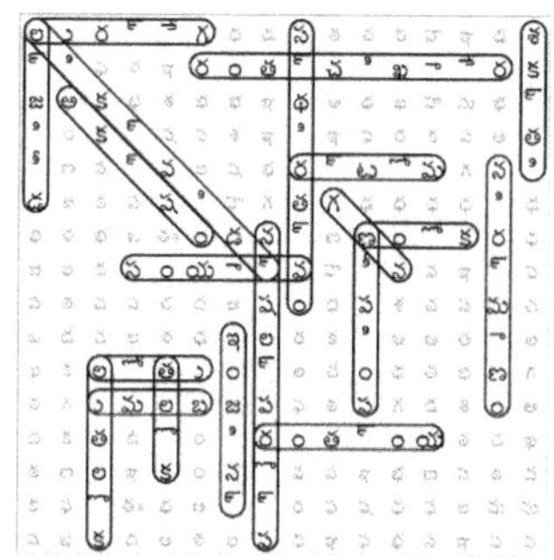

55 - Kitchen

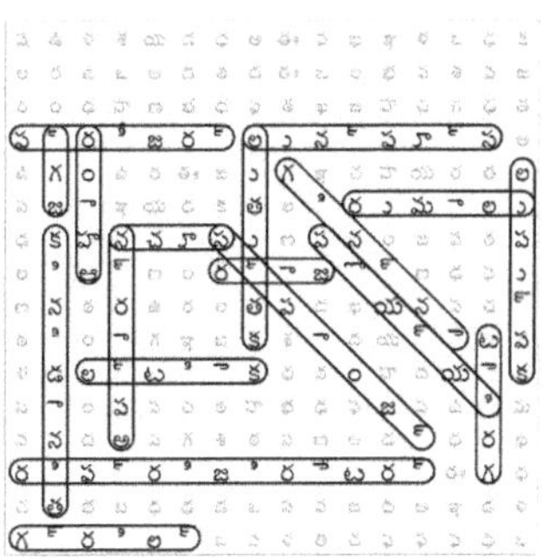

56 - Government

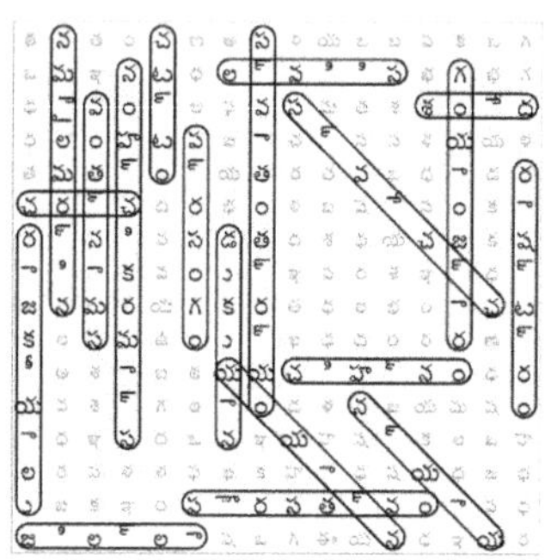

57 - Art Supplies

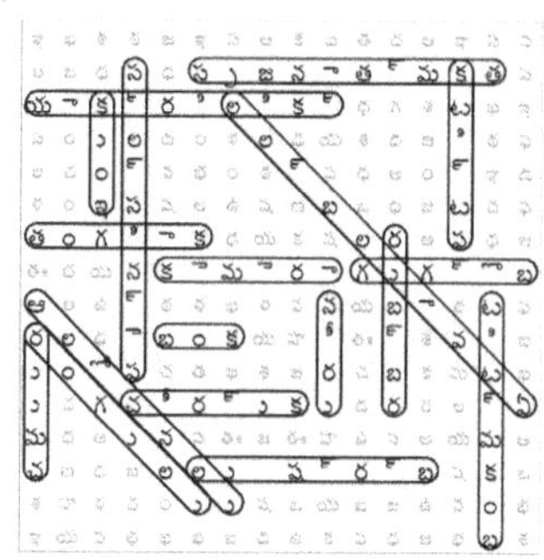

58 - Science Fiction

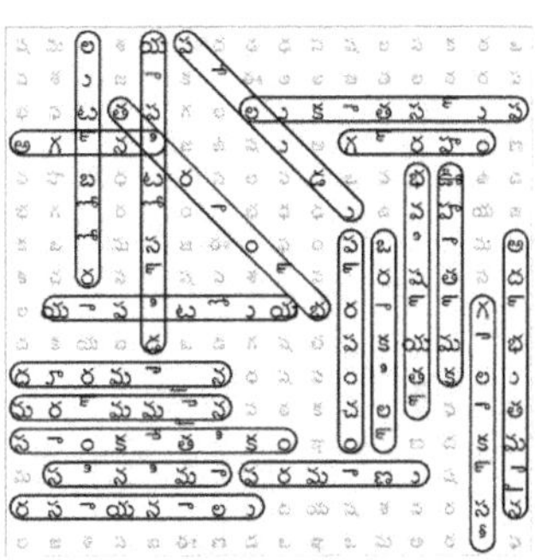

59 - Geometry

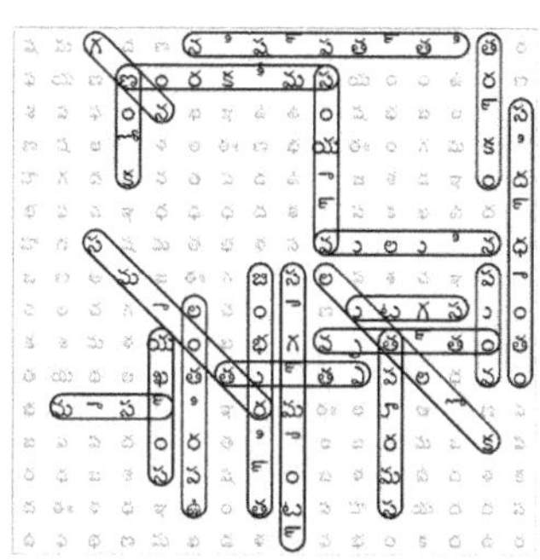

60 - Airplanes

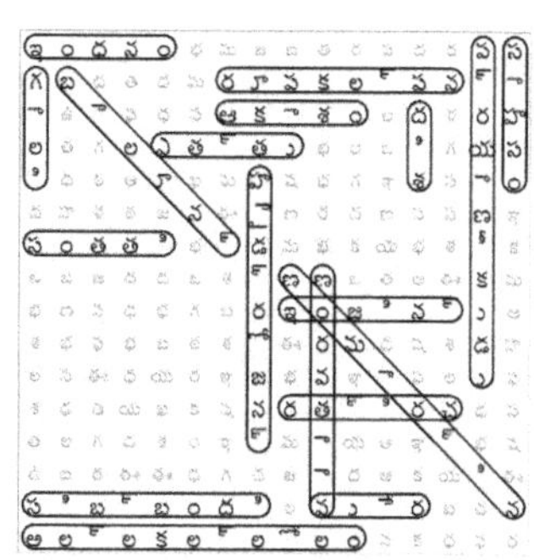

61 - Ocean

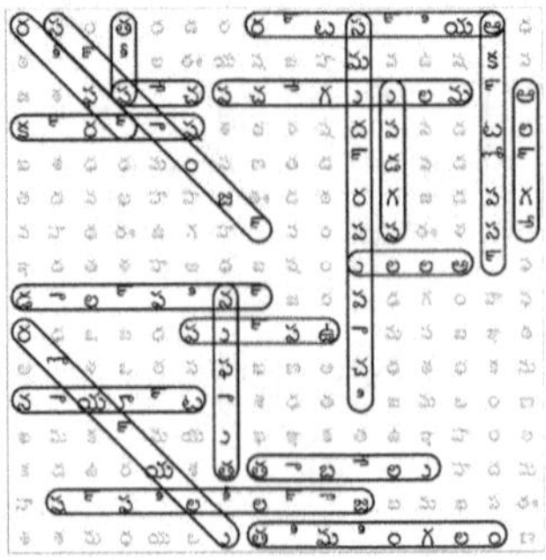

62 - Birds

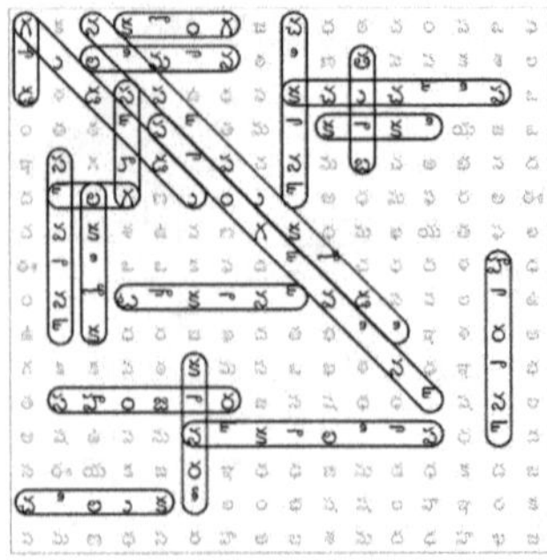

63 - Nutrition

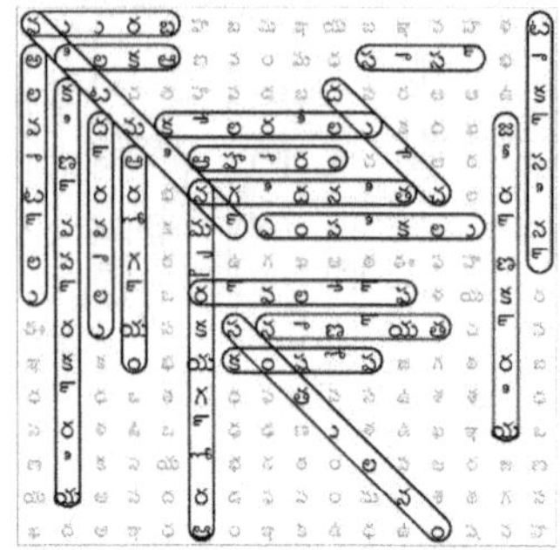

64 - Professions #1

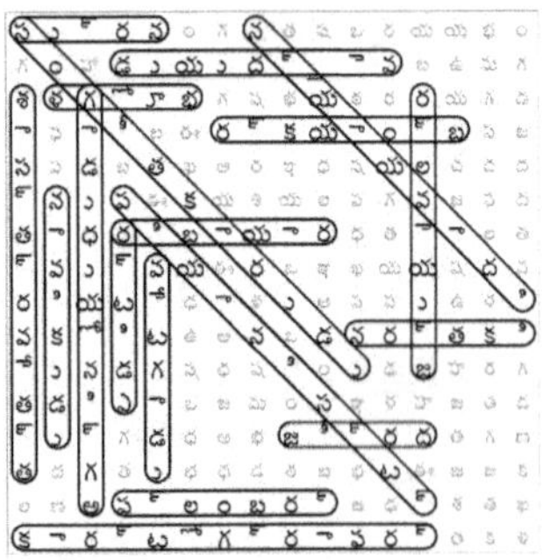

65 - Barbecues

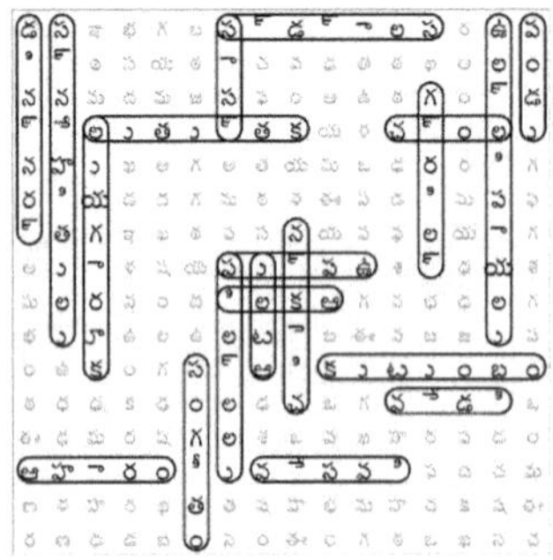

66 - Chocolate

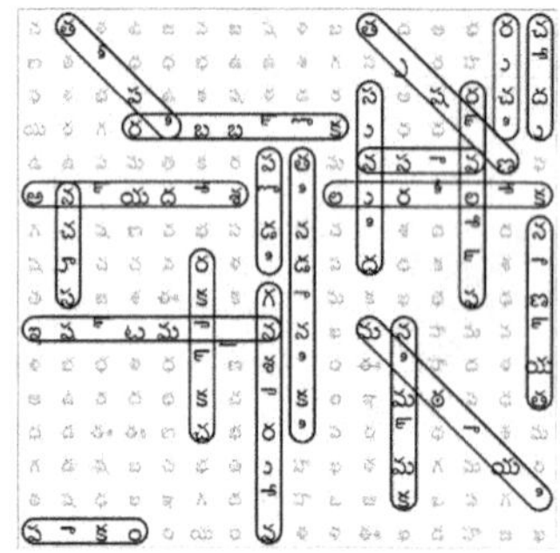

67 - Vegetables

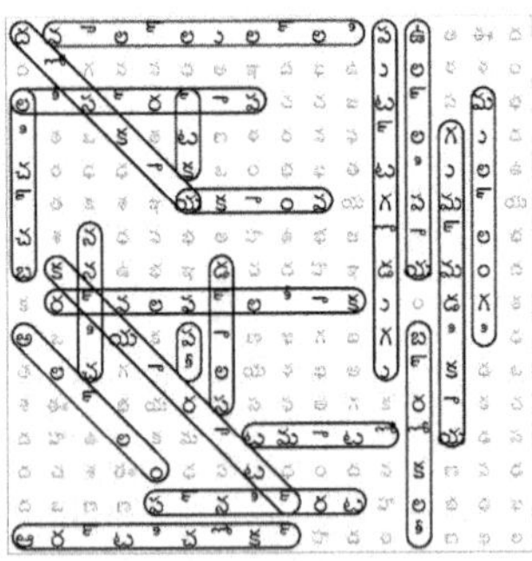

68 - The Media

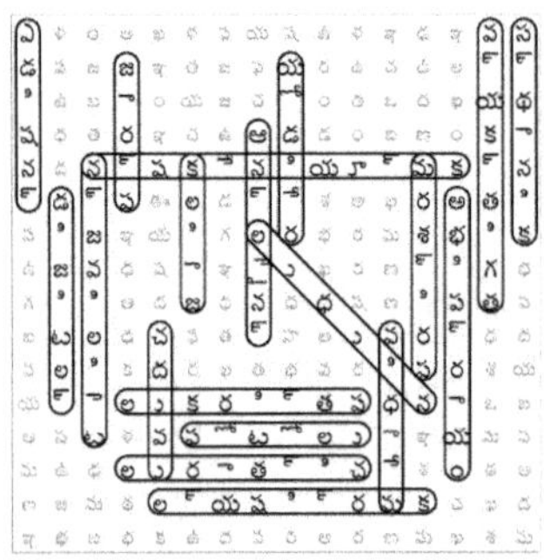

69 - Boats

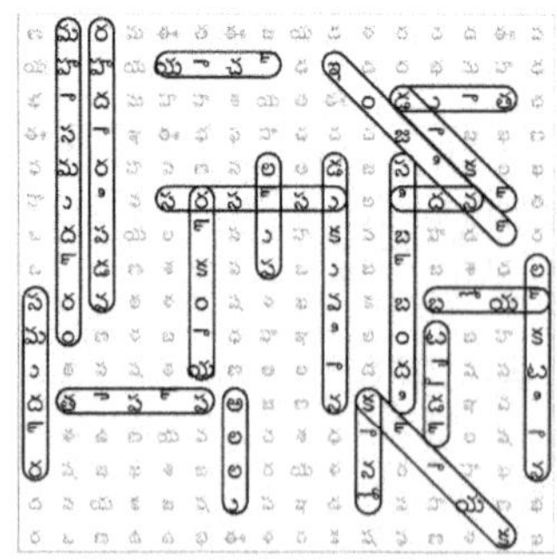

70 - Activities and Leisure

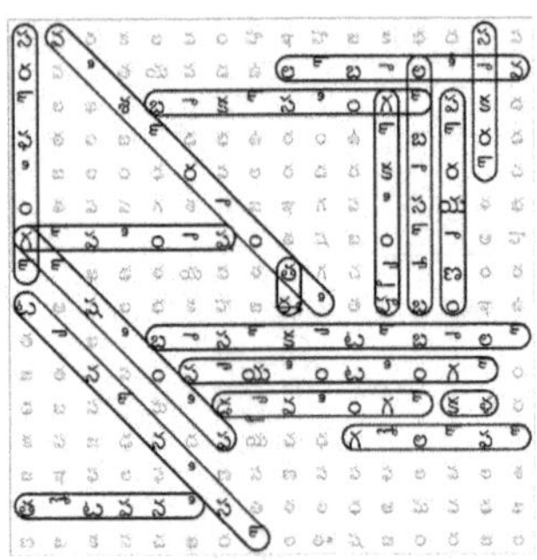

71 - Driving

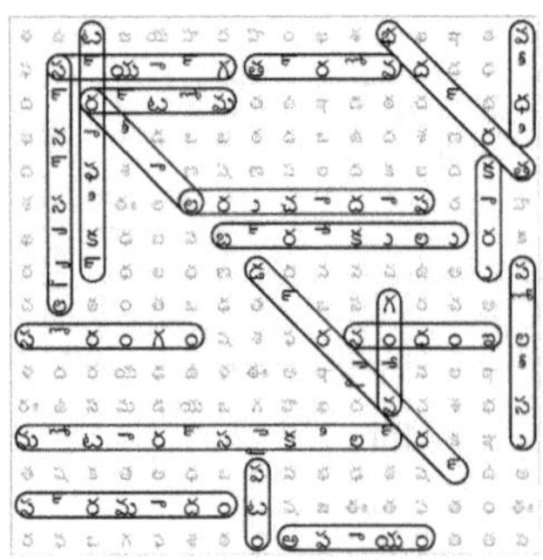

72 - Biology

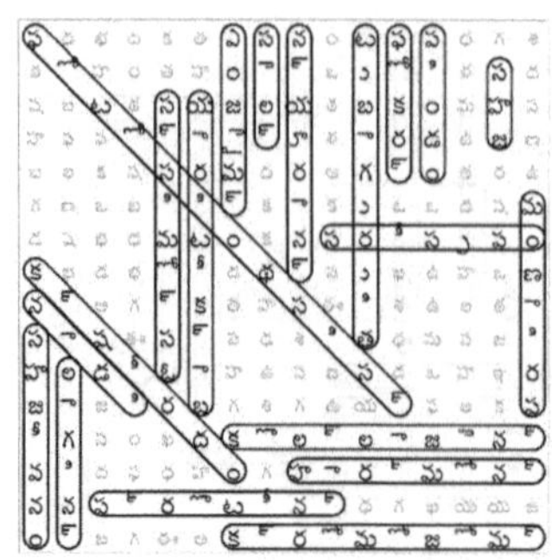

73 - Professions #2

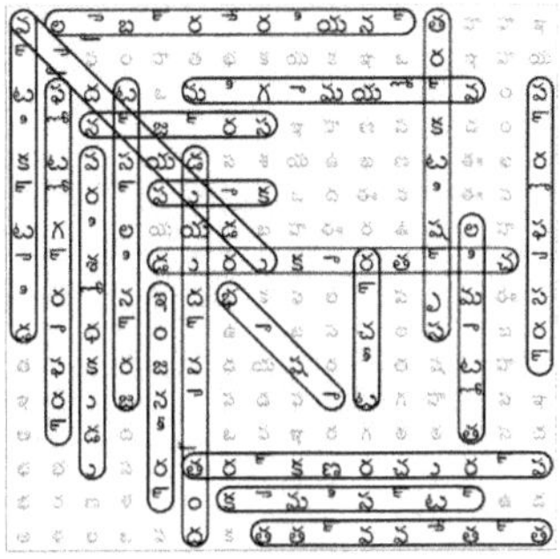

74 - Mythology

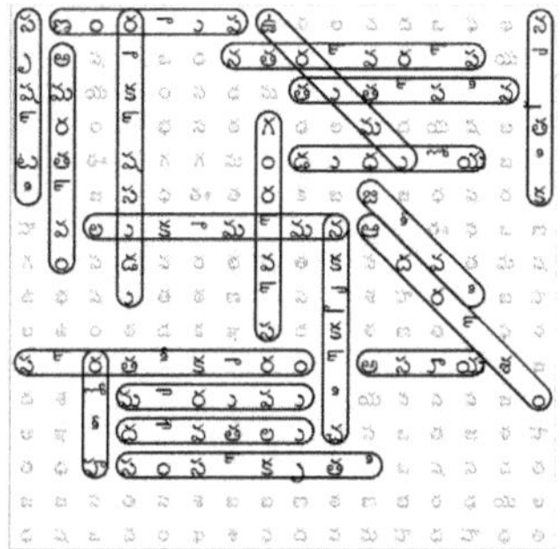

75 - Agronomy

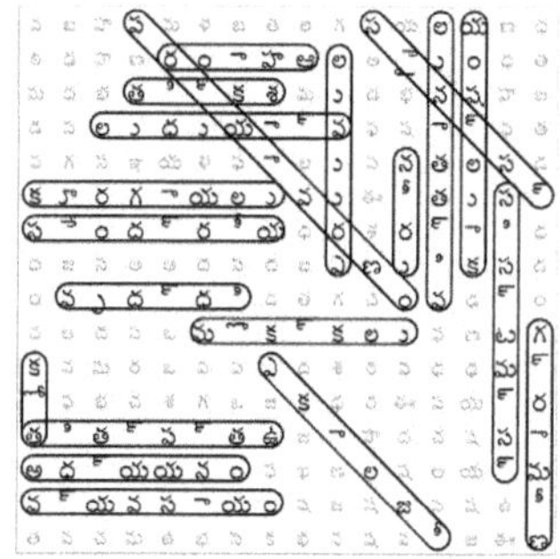

76 - Hair Types

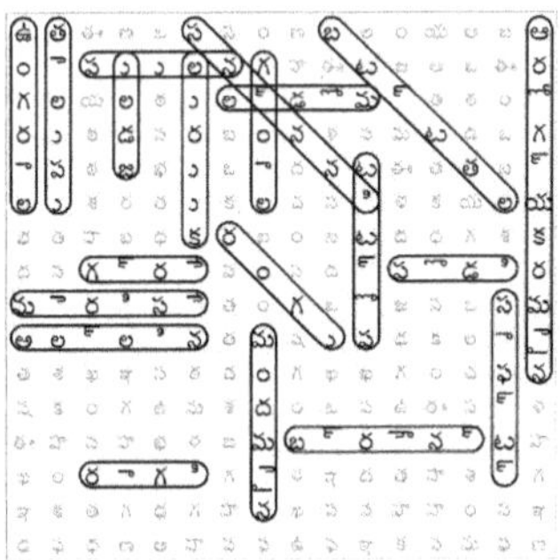

77 - Garden

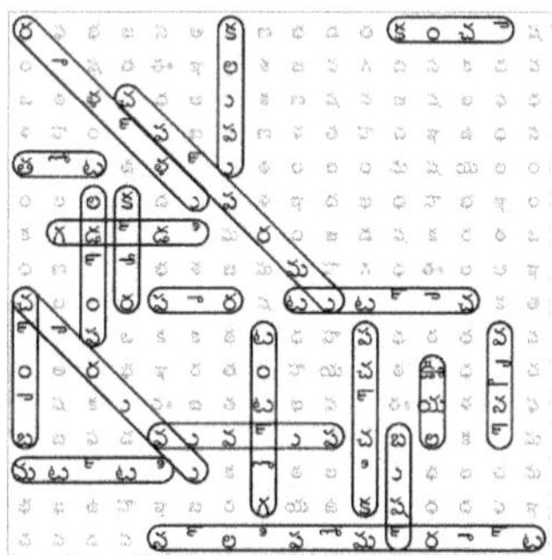

78 - Diplomacy

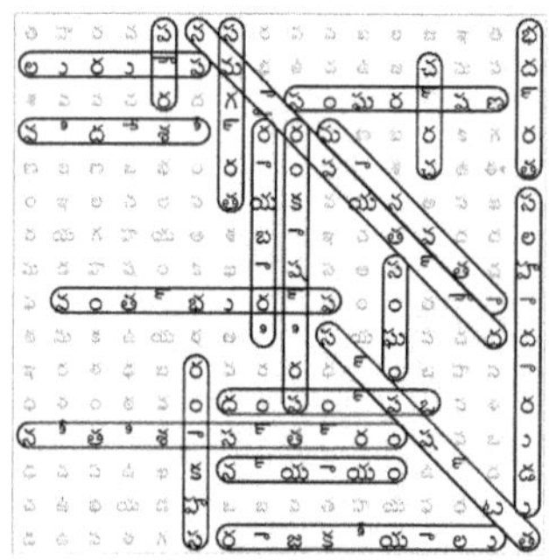

79 - Countries #1

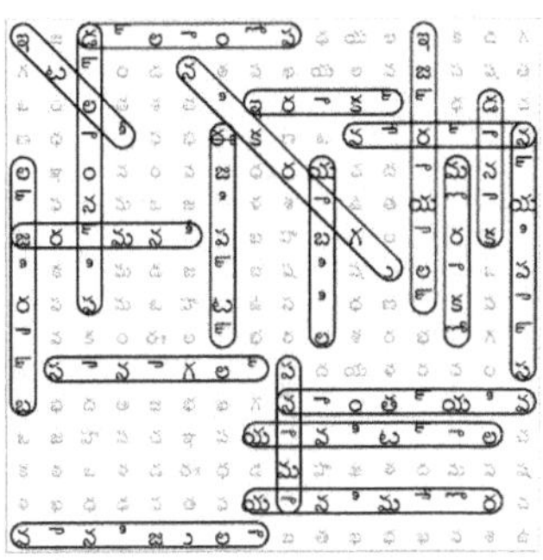

80 - Immigration

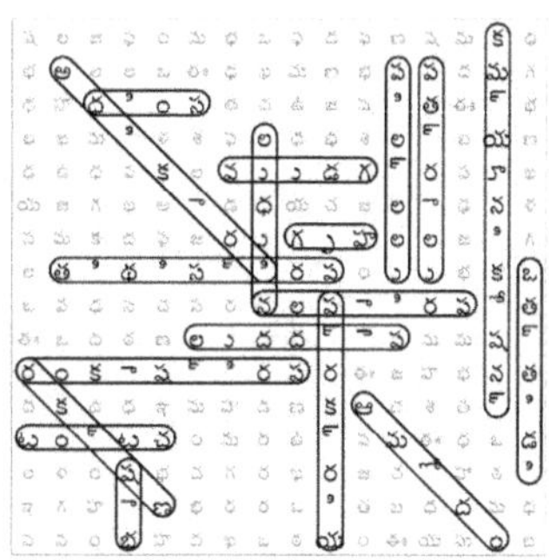

81 - Adjectives #1

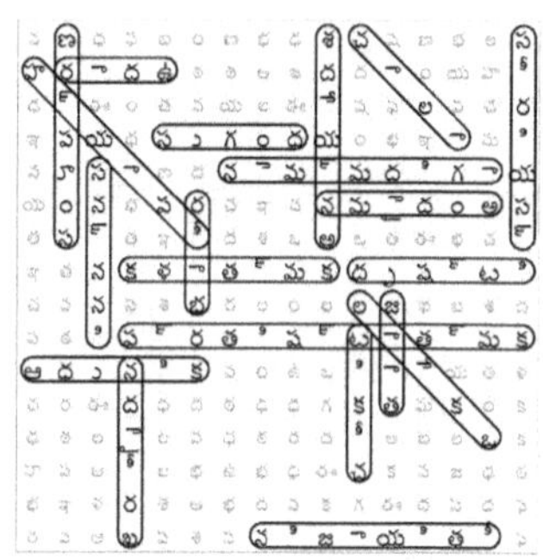

82 - Rainforest

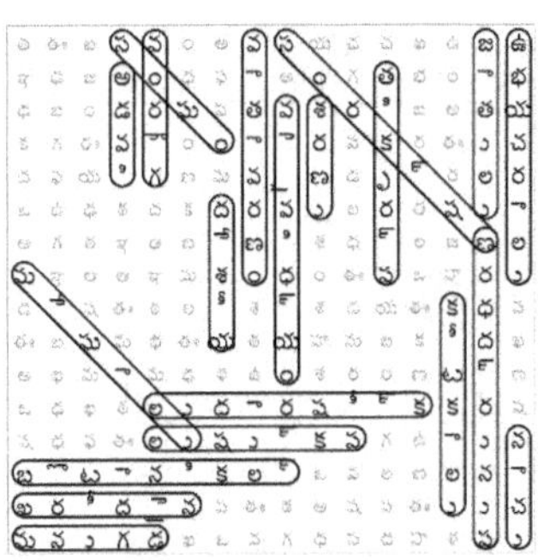

83 - Technology

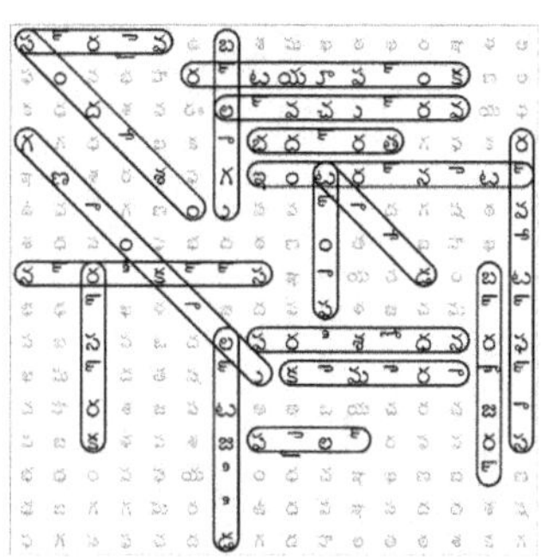

84 - Global Warming

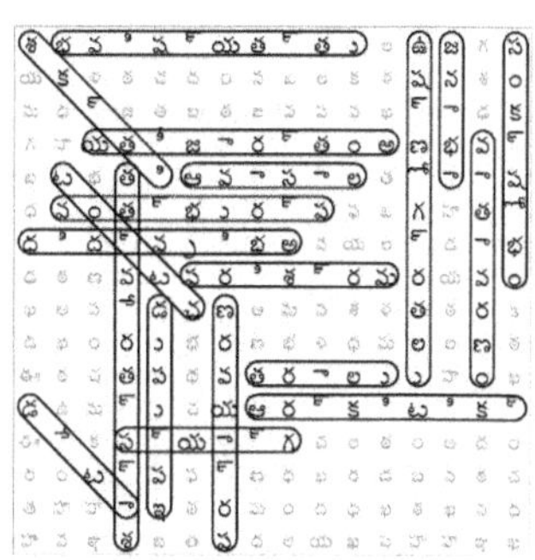

85 - Landscapes

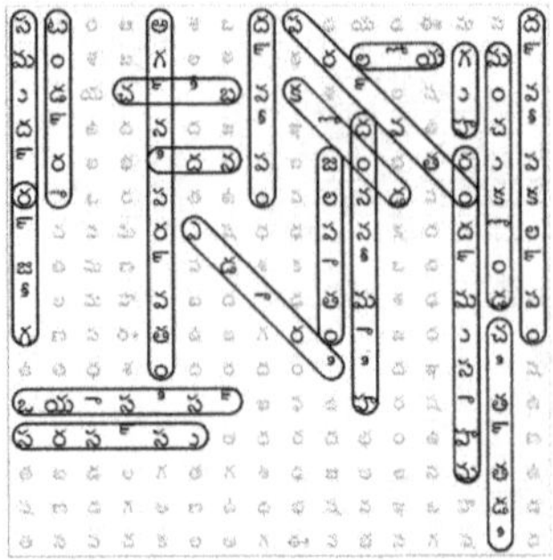

86 - Visual Arts

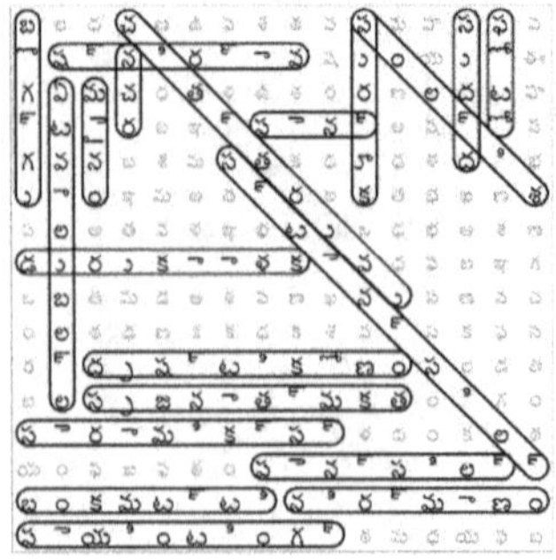

87 - Plants

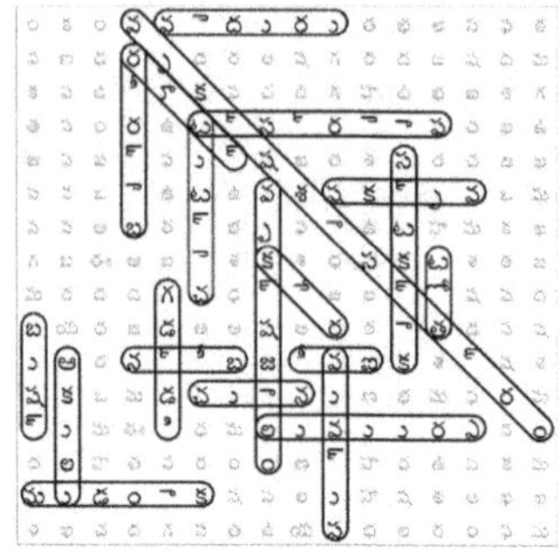

88 - Countries #2

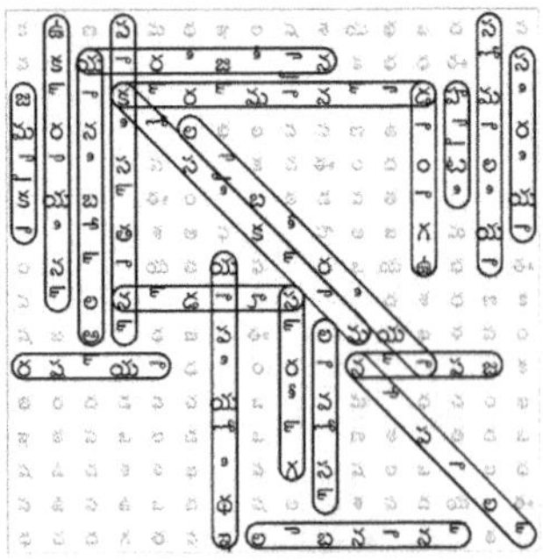

89 - Ecology

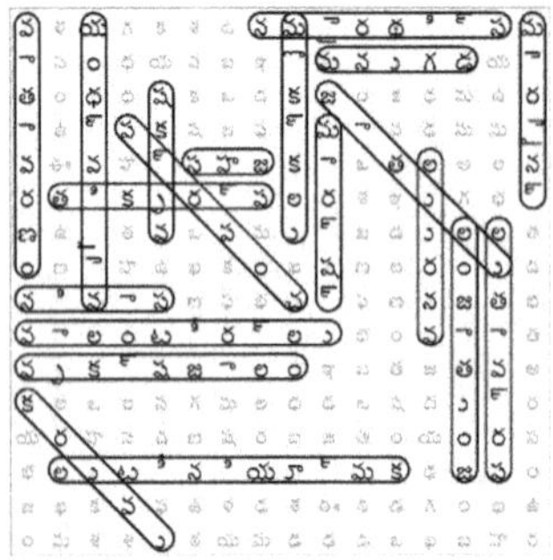

90 - Adjectives #2

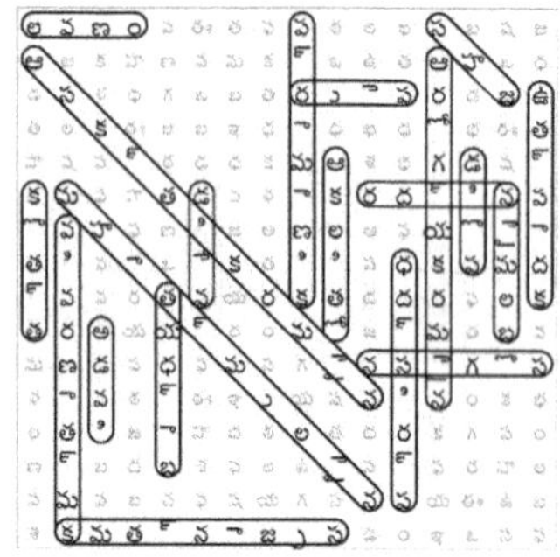

91 - Psychology

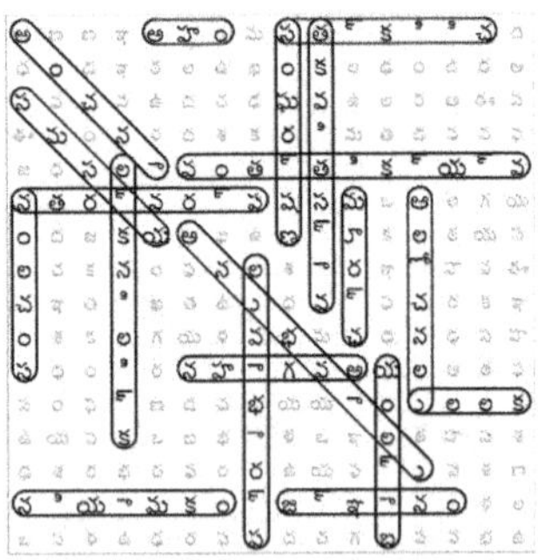

92 - Math

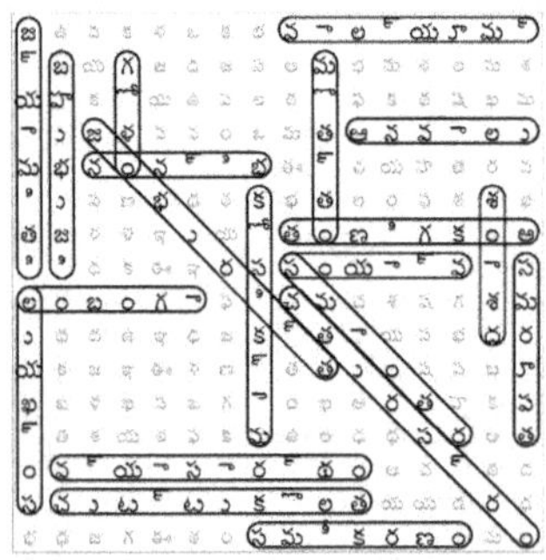

93 - Business

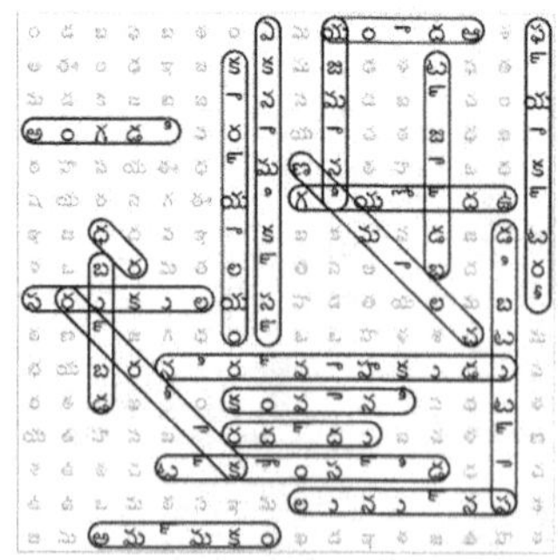

94 - The Company

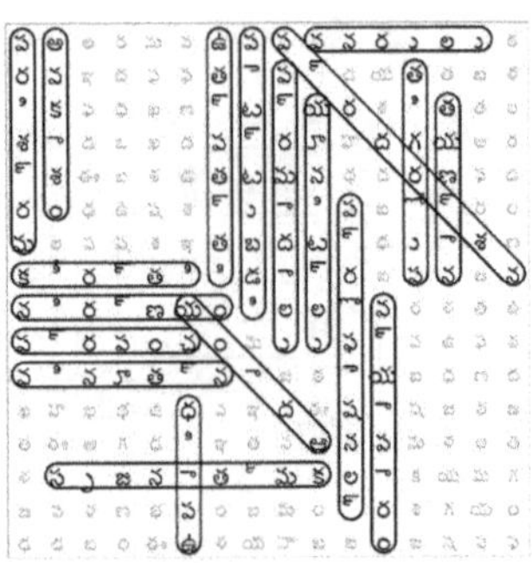

95 - Literature

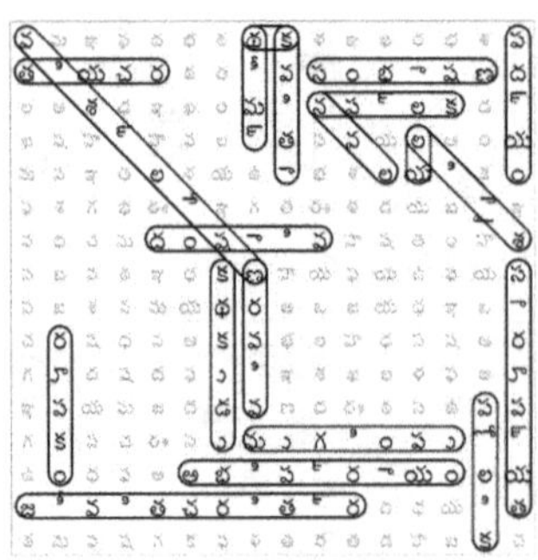

96 - Geography

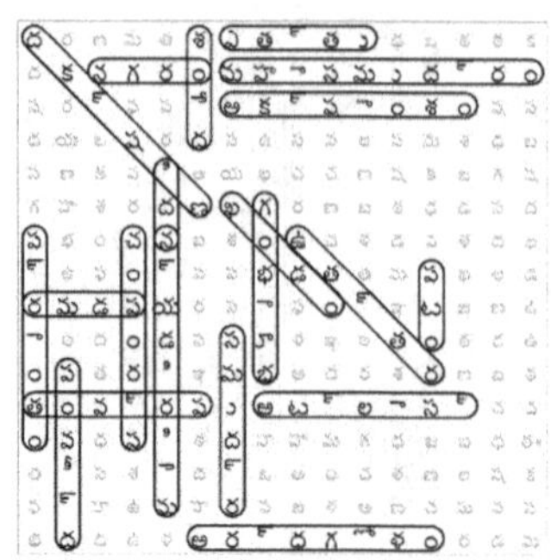

97 - Jazz

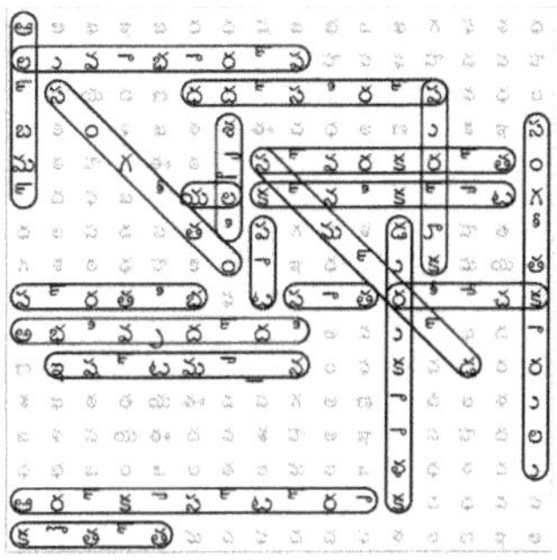

98 - Nature

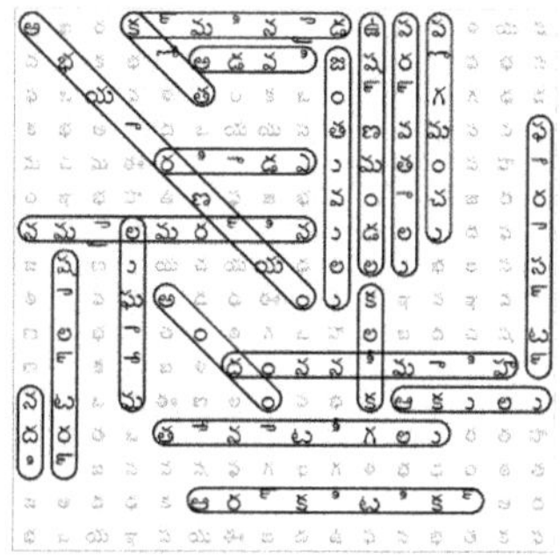

99 - Vacation #2

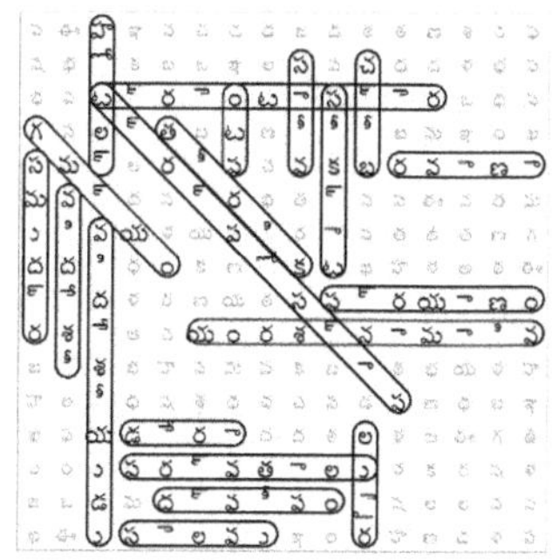

100 - Electricity

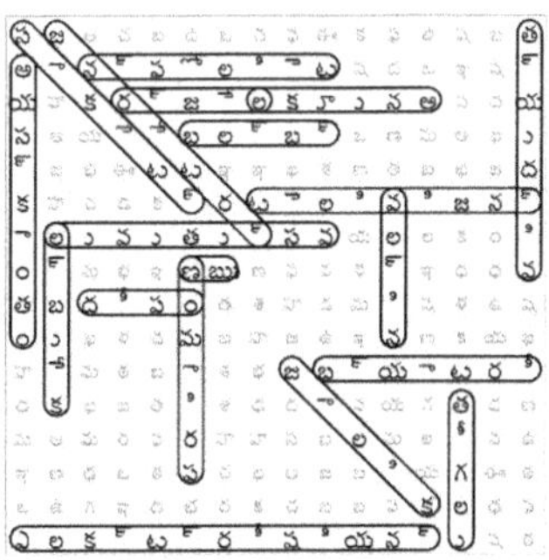

Dictionary

Activities and Leisure
చర్యలు మరియు విశ్రాంతి

Art	కళ
Baseball	బేస్‌బాల్
Basketball	బాస్కెట్‌బాల్
Boxing	బాక్సింగ్
Diving	డైవింగ్
Fishing	ఫిషింగ్
Gardening	తోటపని
Golf	గోల్ఫ్
Hiking	హైకింగ్
Painting	పెయింటింగ్
Relaxing	విశ్రాంతి
Shopping	షాపింగ్
Soccer	సాకర్
Surfing	సర్ఫింగ్
Swimming	ఈత
Tennis	టెన్నిస్
Travel	ప్రయాణం
Volleyball	వాలీబాల్

Adjectives #1
విశేషణాలు #1

Absolute	సంపూర్ణ
Ambitious	ప్రతిష్టాత్మక
Aromatic	సుగంధ
Artistic	కళాత్మక
Beautiful	అందమైన
Dark	చీకటి
Exotic	అన్యదేశ
Generous	ఉదార
Happy	హ్యాపీ
Heavy	భారీ
Helpful	చాలా
Honest	నిజాయితీ
Identical	ఒకేలా
Important	దృష్టి
Modern	ఆధునిక
Perfect	తాజా
Serious	సీరియస్
Slow	నెమ్మదిగా
Thin	సన్నని
Valuable	ఖరీదైన

Adjectives #2
విశేషణాలు #2

Authentic	ప్రామాణిక
Creative	సృజనాత్మక
Descriptive	వివరణాత్మక
Dry	పొడి
Elegant	సొగసైన
Famous	ప్రసిద్ధ
Gifted	మహాత్ములైన
Healthy	ఆరోగ్యకరమైన
Hot	వేడి
Hungry	ఆకలితో
Interesting	ఆసక్తికరమైన
Natural	సహజ
New	కొత్త
Productive	ఉత్పాదక
Proud	పారు
Responsible	బాధ్యత
Salty	లవణం
Sleepy	నిద్ర
Strong	బలమైన
Wild	అడవి

Adventure
సాహసం

Activity	క్రియ
Beauty	అందం
Challenges	సవాళ్లు
Chance	అవకాశం
Dangerous	డేంజరస్
Destination	గమ్యం
Difficulty	కష్టం
Enthusiasm	ఉత్సాహం
Excursion	విహారం
Friends	స్నేహితులు
Itinerary	ప్రయాణం
Joy	ఆనందం
Nature	ప్రకృతి
Navigation	నావిగేషన్
New	కొత్త
Preparation	తయారీ
Safety	భద్రత
Unusual	వర్గం

Agronomy
వ్యవసాయ శాస్త్రం

Agriculture	వ్యవసాయం
Diseases	వ్యాధులు
Ecology	ఎకాలజీ
Energy	శక్తి
Environment	పర్యావరణం
Erosion	కోత
Fertilizer	ఎరువులు
Food	ఆహారం
Growth	వృద్ధి
Organic	సేంద్రీయ
Plants	మొక్కలు
Pollution	కాలుష్యం
Production	ఉత్పత్తి
Rural	గ్రామీణ
Science	సైన్స్
Seeds	విత్తనాలు
Study	అధ్యయనం
Systems	సిస్టమ్స్
Vegetables	కూరగాయలు
Water	నీరు

Airplanes
విమానాలు

Adventure	సాహసం
Air	గాలి
Atmosphere	వాతావరణం
Balloon	బెలూన్
Construction	నిర్మాణం
Crew	సిబ్బంది
Descent	సంతతి
Design	రూపకల్పన
Direction	దిశ
Engine	ఇంజిన్
Fuel	ఇంధనం
Height	ఎత్తు
History	చరిత్ర
Hydrogen	హైడ్రోజన్
Landing	రేవు
Passenger	ప్రయాణీకుడు
Sky	ఆకాశం
Turbulence	అల్లకల్లోలం

Algebra
బీజగణితం

Diagram	రేఖాచిత్రం
Equation	సమీకరణం
Exponent	ఆనవాలు
Factor	కారణం
False	తప్పు
Formula	నియమం
Fraction	భిన్నం
Graph	గ్రాఫ్
Infinite	అనంతం
Linear	ఇండస్ట్రీస్
Matrix	మాత్రిక
Number	సంఖ్య
Parenthesis	కుండలీకరణం
Problem	సమస్య
Quantity	పరిమాణం
Simplify	సులభతరం
Solution	పరిష్కారం
Subtraction	తీసివేత
Variable	వేరియబుల్
Zero	సున్న

Antarctica
అంటార్కిటికా

Bay	బే
Birds	పక్షులు
Clouds	మేఘాలు
Conservation	పరిరక్షణ
Continent	ఖండం
Cove	కోవ్
Environment	పర్యావరణం
Expedition	యాత్ర
Geography	భౌగోళికం
Glaciers	హిమానీనదాలు
Ice	మంచు
Islands	ద్వీపాలు
Migration	వలస
Peninsula	ద్వీపకల్పం
Researcher	పరిశోధకుడు
Rocky	రాకీ
Scientific	శాస్త్రీయ
Temperature	ఉష్ణోగ్రత
Topography	స్థలాకృతి
Water	నీరు

Antiques
యాంటిక

Art	కళ
Auction	వేలం
Authentic	ప్రామాణిక
Century	శతాబ్దం
Coins	నాణేలు
Decades	దశాబ్దాలు
Decorative	అలంకార
Elegant	సొగసైన
Furniture	ఫర్నిచర్
Gallery	గ్యాలరీ
Investment	పెట్టుబడి
Jewelry	ఆభరణాలు
Old	పాత
Price	ధర
Quality	నాణ్యత
Restoration	పునరుద్ధరణ
Sculpture	శిల్పం
Style	శైలి
Unusual	వర్గం
Value	విలువ

Archeology
ఆర్కియాలజీ

Analysis	విశ్లేషణ
Antiquity	పూర్వకాలం
Bones	ఎముకలు
Civilization	నాగరికత
Descendant	వారసుడు
Era	యుగం
Expert	నిపుణుడు
Fossil	ఫాసిల్
Mystery	రహస్యము
Objects	వస్తువులు
Professor	ప్రొఫెసర్
Researcher	పరిశోధకుడు
Team	జట్టు
Temple	ఆలయం
Tomb	సమాధి
Unknown	తెలియని
Years	సంవత్సరాలు

Art Supplies
ఆర్ట్ సామాగ్రి

Acrylic	యాక్రిలిక్
Brushes	బ్రష్లు
Camera	కెమెరా
Chair	కుర్చీ
Charcoal	బొగ్గు
Clay	బంకమట్టి
Colors	రంగులు
Creativity	సృజనాత్మకత
Easel	ఏటవాలు బల్ల
Eraser	రబ్బరు
Glue	బంక
Ideas	ఆలోచనలు
Ink	ఇంకు
Oil	చమురు
Paper	కాగితం
Pencils	పెన్సిల్స్
Table	పట్టిక
Water	నీరు

Astronomy
ఖగోళశాస్త్రం

Asteroid	గ్రహశకలం
Astronaut	వ్యోమగామి
Constellation	పుంజ
Cosmos	కాస్మోస్
Earth	భూమి
Eclipse	గ్రహణం
Equinox	విషువత్
Galaxy	గెలాక్సీ
Meteor	ఉల్కా
Moon	చంద్రుడు
Nebula	నెబ్యులా
Observatory	అబ్జర్వేటరీ
Planet	గ్రహం
Radiation	రేడియేషన్
Rocket	రాకెట్
Satellite	ఉపగ్రహం
Sky	ఆకాశం
Solar	సౌర
Supernova	సూపర్నోవా
Zodiac	రాశిచక్రం

Barbecues
బార్బెక్యూలు

Chicken	చికెన్
Children	పిల్లలు
Dinner	డిన్నర్
Family	కుటుంబం
Food	ఆహారం
Friends	స్నేహితులు
Fruit	పండు
Games	ఆటలు
Grill	గ్రిల్
Hot	వేడి
Hunger	ఆకలి
Knives	కత్తులు
Lunch	లంచ్
Music	సంగీతం
Onions	ఉల్లిపాయలు
Salads	సలాడ్స్
Salt	ఉప్పు
Sauce	సాస్
Summer	వేసవి
Vegetables	కూరగాయలు

Beauty
అందం

Charm	ఆకర్షణ
Color	రంగు
Cosmetics	సౌందర్య
Curls	కురులు
Elegance	ఒప్పు
Elegant	సొగసైన
Fragrance	సువాసన
Grace	దయ
Lipstick	లిప్స్టిక్
Makeup	మేకప్
Mirror	అద్దం
Oils	నూనెలు
Photogenic	ఫోటోజెనిక్
Products	ఉత్పత్తులు
Scissors	కత్తెర
Services	సేవలు
Shampoo	షాంపూ
Skin	చర్మం
Stylist	లాక్షణికుడు

Bees
తేనెటీగలు

Beneficial	ప్రయోజనకరమైన
Diversity	వైవిధ్యం
Flowers	పువ్వులు
Food	ఆహారం
Fruit	పండు
Garden	తోట
Habitat	నివాస
Honey	తేనె
Insect	కీటకం
Plants	మొక్కలు
Pollen	పుప్పొడి
Pollinator	పరాగసంపర్కం
Queen	రాణి
Smoke	పొగ
Sun	సూర్యుడు
Swarm	దండు
Wax	మైనం
Wings	రెక్కలు

Biology
జీవశాస్త్రం

Anatomy	ఫోకర్
Bacteria	బాక్టీరియా
Cell	సెల్
Chromosome	క్రోమోజోమ్
Collagen	కొల్లాజెన్
Embryo	పిండం
Enzyme	ఎంజైమ్
Evolution	పరిణామం
Hormone	హార్మోన్
Mammal	క్షీరదం
Mutation	తిరుగుబాటు
Natural	సహజ
Nerve	నాడి
Neuron	న్యూరాన్
Osmosis	ఓస్మోసిస్
Photosynthesis	ఫోటోసింథసిస్
Protein	ప్రోటీన్
Reptile	సరీసృపం
Symbiosis	సహజీవనం
Synapse	లాగిన్

Birds
పక్షులు

Canary	కానరీ
Chicken	చికెన్
Crow	కాకి
Cuckoo	కోకిల
Duck	బాతు
Eagle	డేగ
Egg	గుడ్డు
Flamingo	రాజహంస
Goose	గూస్
Gull	గల్
Heron	హెరాన్
Ostrich	నిప్పుకోడి
Parrot	చిలుక
Peacock	నెమలి
Pelican	పెలికాన్
Penguin	పెంగ్విన్
Sparrow	పిచ్చుక
Stork	కొంగ
Swan	స్వాన్
Toucan	టౌకాన్

Boats
పడవలు

Anchor	యాంకర్
Buoy	బోయ్
Canoe	కానో
Crew	సిబ్బంది
Dock	డాక్
Engine	ఇంజిన్
Ferry	రహదారి పడవ
Kayak	కయాక్
Lake	సరస్సు
Mast	మల్
Nautical	నాటికల్
Ocean	మహాసముద్రం
Raft	తెప్ప
River	నది
Rope	తాడు
Sailor	నావికుడు
Sea	సముద్ర
Tide	టైడ్
Waves	అలలు
Yacht	యాచ్

Books
పుస్తకాలు

Adventure	సాహసం
Author	రచయిత
Collection	సేకరణ
Context	సందర్భం
Epic	ఎపిక్
Historical	హిస్టారికల్
Humorous	హాస్యం
Inventive	ఆవిష్కరణ
Literary	సాహిత్య
Narrator	కథకుడు
Novel	నవల
Page	పుట
Poem	పద్యం
Poetry	కవిత్వం
Reader	చదువరి
Relevant	సంబంధిత
Series	క్రమం
Story	కథ
Tragic	ట్రాజిక్
Written	రాసిన

Buildings
భవనాలు

Apartment	హౌస్
Cabin	క్యాబిన్
Castle	కోట
Cathedral	కేథడ్రల్
Cinema	సినిమా
Factory	ఫ్యాక్టరీ
Farm	వ్యవసాయ
Hospital	ఆసుపత్రి
Hostel	హాస్టల్
Hotel	హోటల్
House	ఇల్లు
Laboratory	ప్రయోగశాల
Museum	మ్యూజియం
Observatory	అబ్జర్వేటరీ
School	పాఠశాల
Stadium	స్టేడియం
Tent	డేరా
Theater	థియేటర్
Tower	టవర్
Workshop	వర్క్‌షాప్

Business
వ్యాపారం

Budget	బడ్జెట్
Career	కెరీర్
Company	కంపెనీ
Cost	ధర
Currency	చలామణి
Discount	డిస్కౌంట్
Economics	ఎకనామిక్స్
Employee	ఉద్యోగి
Employer	యజమాని
Factory	ఫ్యాక్టరీ
Finance	రద్దు
Income	ఆదాయం
Investment	పెట్టుబడి
Manager	నిర్వాహకుడు
Merchandise	సరుకుల
Money	డబ్బు
Office	కార్యాలయం
Sale	అమ్మకం
Shop	అంగడి
Taxes	పన్నులు

Camping
శిబిరాలకు

Adventure	సాహసం
Animals	జంతువులు
Cabin	క్యాబిన్
Canoe	కానో
Compass	కంపాస్
Fire	అగ్ని
Forest	ఫారెస్ట్
Fun	తమాషా
Hammock	ఊయల
Hunting	వేటాడు
Insect	కీటకం
Lake	సరస్సు
Lantern	లాంతరు
Map	పటం
Moon	చంద్రుడు
Mountain	పర్వతం
Nature	ప్రకృతి
Rope	తాడు
Tent	డేరా
Trees	చెట్లు

Chemistry
కెమిస్ట్రీ

Acid	ఆమ్లం
Alkaline	ఆల్కలీన్
Atomic	పరమాణు
Carbon	కార్బన్
Catalyst	ఉత్ప్రేరకం
Chlorine	క్లోరిన్
Electron	ఎలక్ట్రాన్
Enzyme	ఎంజైమ్
Gas	గ్యాస్
Heat	వేడి
Hydrogen	హైడ్రోజన్
Ion	అయాన్
Liquid	లిక్విడ్
Molecule	అణువు
Nuclear	న్యూక్లియర్
Organic	సేంద్రీయ
Oxygen	ఆక్సిజన్
Salt	ఉప్పు
Temperature	ఉష్ణోగ్రత
Weight	బరువు

Chocolate
చాక్లెట్

Aroma	వాసన
Bitter	చేదు
Calories	కేలరీలు
Candy	మిఠాయి
Caramel	పాకం
Coconut	కొబ్బరి
Craving	తృష్ణ
Delicious	కమ్మని
Exotic	అన్యదేశ
Favorite	ఇష్టమైన
Flavor	ఫ్లేవర్
Ingredient	దినుసు
Peanuts	వేరుశెనగ
Powder	పొడి
Quality	నాణ్యత
Recipe	సూచన
Sugar	చక్కెర
Sweet	తీపి
Taste	రుచి
To Eat	తినడానికి

Clothes
బట్టలు

Apron	అప్రాన్
Belt	బెల్ట్
Blouse	రవిక
Bracelet	కంకణం
Coat	కోటు
Dress	దుస్తులు
Fashion	ఫ్యాషన్
Gloves	చేతి తొడుగులు
Jacket	జాకెట్
Jeans	జీన్స్
Jewelry	ఆభరణాలు
Pajamas	పైజామా
Pants	ప్యాంటు
Sandals	చెప్పులు
Scarf	స్కార్ఫ్
Shirt	చొక్కా
Shoe	షూ
Skirt	లంగా
Socks	సాక్స్
Sweater	చలి కోటు

Coffee
కాఫీ

Acidic	ఆమ్ల
Aroma	వాసన
Beverage	పానీయం
Bitter	చేదు
Black	నలుపు
Caffeine	కాఫిన్
Cream	మీగడ
Cup	కప్
Filter	ఫిల్టర్
Flavor	ఫ్లేవర్
Grind	వేరు
Liquid	లిక్విడ్
Milk	పాలు
Morning	ఉదయం
Origin	మూలం
Price	ధర
Roasted	కాల్చిన
Sugar	చక్కెర
Water	నీరు

Countries #1
దేశాలు #1

Brazil	బ్రెజిల్
Canada	కెనడా
Egypt	ఈజిప్ట్
Finland	ఫిన్లాండ్
Germany	జర్మనీ
Iraq	ఇరాక్
Israel	ఇజ్రాయెల్
Italy	ఇటలీ
Latvia	లాట్వియా
Libya	లిబియా
Morocco	మొరాకో
Nicaragua	నికరాగు
Norway	నార్వే
Panama	పనామా
Poland	పోలాండ్
Romania	రొమేనియా
Senegal	సెనెగల్
Spain	స్పెయిన్
Venezuela	వెనిజులా
Vietnam	వియత్నాం

Countries #2
దేశాలు #2

Albania	అల్బేనియా
Denmark	డెన్మార్క్
Ethiopia	ఇథియోపియా
Greece	గ్రీస్
Haiti	హైటి
Jamaica	జమైకా
Japan	జపాన్
Laos	లావోస్
Lebanon	లెబనాన్
Liberia	లైబీరియా
Mexico	మెక్సికో
Nepal	నేపాల్
Nigeria	నైజీరియా
Pakistan	పాకిస్తాన్
Russia	రష్యా
Somalia	సోమాలియా
Sudan	సూడాన్
Syria	సిరియా
Uganda	ఉగాండా
Ukraine	ఉక్రెయిన్

Dance
నృత్యం

Academy	అకాడమీ
Art	కళ
Body	శరీర
Choreography	కొరియోగ్రఫీ
Classical	శాస్త్రీయ
Cultural	సాంస్కృతిక
Culture	సంస్కృతి
Emotion	భావం
Expressive	వ్యక్తీకరణ
Grace	దయ
Joyful	ఆనందం
Movement	ఉద్యమం
Music	సంగీతం
Partner	భాగస్వామి
Posture	భంగిమ
Rehearsal	రిహార్సల్
Rhythm	లయ
Visual	దృశ్య

Days and Months
రోజులు మరియు నెలలు

April	ఏప్రిల్
August	ఆగస్టు
Calendar	క్యాలెండర్
February	ఫిబ్రవరి
Friday	శుక్రవారం
January	జనవరి
July	జూలై
March	మార్చి
Monday	సోమవారం
Month	నెల
November	నవంబర్
October	అక్టోబర్
Saturday	శనివారం
September	సెప్టెంబర్
Sunday	ఆదివారం
Thursday	గురువారం
Tuesday	మంగళవారం
Wednesday	బుధవారం
Week	వారం
Year	సంవత్సరం

Diplomacy
దౌత్యం

Adviser	సలహాదారుడు
Ambassador	రాయబారి
Citizens	పౌరులు
Civic	పౌర
Community	సంఘం
Conflict	సంఘర్షణ
Cooperation	సహకారం
Diplomatic	దౌత్యపరమైన
Discussion	చర్చ
Ethics	నీతిశాస్త్రం
Foreign	విదేశీ
Government	ప్రభుత్వం
Humanitarian	మానవతా
Integrity	సమగ్రత
Justice	న్యాయం
Politics	రాజకీయాలు
Resolution	స్పష్టత
Security	భద్రత
Solution	పరిష్కారం
Treaty	ఒప్పందం

Disease
వ్యాధి

Abdominal	పొత్తికడుపు
Acute	తీవ్రమైన
Allergies	అలర్జీలు
Bacterial	బాక్టీరియల్
Body	శరీర
Bones	ఎముకలు
Genetic	జన్యు
Health	ఆరోగ్యం
Heart	గుండె
Hereditary	వారసత్వం
Inflammation	వాపు
Lumbar	కటి
Neuropathy	న్యూరోపతి
Pathogens	వ్యాధికారక
Pulmonary	పల్మనరీ
Respiratory	శ్వాసకోశ
Sinus	సైనస్
Syndrome	సిండ్రోమ్
Therapy	చికిత్స
Weak	జాబితా

Driving
డ్రైవింగ్

Accident	ప్రమాదం
Brakes	బ్రేకులు
Car	కారు
Danger	అపాయం
Driver	డ్రైవర్
Fuel	ఇంధనం
Gas	గ్యాస్
License	లైసెన్స్
Map	పటం
Motor	మోటర్
Motorcycle	మోటార్ సైకిల్
Pedestrian	పాదచారుల
Police	పోలీసు
Road	త్రోవ
Safety	భద్రత
Speed	వేగం
Street	వీధి
Traffic	ట్రాఫిక్
Truck	లారీ
Tunnel	సొరంగం

Ecology
జీవావరణ శాస్త్రం

Climate	వాతావరణం
Communities	కమ్యూనిటీలు
Diversity	వైవిధ్యం
Drought	కరువు
Fauna	జంతుజాలం
Flora	వృక్షజాలం
Global	ప్రపంచ
Habitat	నివాస
Marine	మెరైన్
Marsh	మార్ష్
Mountains	పర్వతాలు
Natural	సహజ
Nature	ప్రకృతి
Plants	మొక్కలు
Resources	వనరులు
Species	జాతులు
Survival	మనుగడ
Sustainable	స్థిరమైన
Vegetation	వృక్ష
Volunteers	వాలంటీర్లు

Electricity
విద్యుత్

Battery	బ్యాటరీ
Bulb	బల్బ్
Cable	కేబుల్
Electric	విద్యుత్
Electrician	ఎలక్ట్రీషియన్
Generator	జనరేటర్
Lamp	దీపం
Laser	లేజర్
Magnet	అయస్కాంతం
Negative	ఋణ
Network	జాలిక
Objects	వస్తువులు
Positive	అనుకూల
Quantity	పరిమాణం
Socket	సాకెట్
Storage	నిల్వ
Telephone	టెలిఫోన్
Television	టెలివిజన్
Wires	తీగలు

Energy
శక్తి

Battery	బ్యాటరీ
Carbon	కార్బన్
Diesel	డీజిల్
Electric	విద్యుత్
Electron	ఎలక్ట్రాన్
Engine	ఇంజిన్
Environment	పర్యావరణం
Fuel	ఇంధనం
Gasoline	గ్యాసోలిన్
Heat	వేడి
Hydrogen	హైడ్రోజన్
Industry	పరిశ్రమ
Motor	మోటర్
Nuclear	న్యూక్లియర్
Photon	ఫోటాన్
Pollution	కాలుష్యం
Renewable	పునరుత్పాదక
Steam	ఆవిరి
Turbine	టర్బైన్
Wind	గాలి

Engineering
ఇంజనీరింగ్

Angle	కోణం
Axis	అక్షం
Calculation	గణన
Construction	నిర్మాణం
Depth	లోతు
Diagram	రేఖాచిత్రం
Diameter	వ్యాసం
Diesel	డీజిల్
Dimensions	కొలతలు
Distribution	పంపిణీ
Energy	శక్తి
Engine	ఇంజిన్
Gears	గేర్లు
Liquid	లిక్విడ్
Machine	యంత్రం
Measurement	కొలత
Motor	మోటర్
Propulsion	ప్రొపల్షన్
Stability	స్థిరత్వం
Strength	బలము

Ethics
ఎథిక్స్

Altruism	విశ్వాసం
Compassion	కరుణ
Cooperation	సహకారం
Dignity	గౌరవం
Diplomatic	దౌత్యపరమైన
Honesty	నిజాయితీ
Humanity	మోసము
Individualism	వ్యక్తివాదం
Integrity	సమగ్రత
Kindness	దయ
Optimism	ఆశావాదం
Patience	సహనం
Philosophy	తత్వం
Rationality	హేతుబద్ధత
Realism	వాస్తవికత
Reasonable	సమంజసం
Values	విలువలు
Wisdom	జ్ఞానం

Family
కుటుంబం

Ancestor	పూర్వీకుడు
Aunt	అత్త
Brother	సోదరుడు
Child	బాల
Childhood	బాల్యం
Children	పిల్లలు
Cousin	కజిన్
Daughter	కూతురు
Father	తండ్రి
Grandfather	తాత
Grandmother	అమ్మమ్మ
Grandson	మనవడు
Husband	పతి
Mother	తల్లి
Nephew	మేనల్లుడు
Niece	మేనకోడలు
Paternal	పైతృక
Sister	సోదరి
Uncle	అంకుల్
Wife	భార్య

Farm #1
వ్యవసాయ #1

Agriculture	వ్యవసాయం
Bee	తుమ్మెద
Bison	బైసన్
Calf	దూడ
Cat	పిల్లి
Chicken	చికెన్
Cow	ఆవు
Crow	కాకి
Dog	కుక్క
Donkey	గాడిద
Fence	కంచె
Fertilizer	ఎరువులు
Field	ఫీల్డ్
Goat	మేక
Hay	హే
Honey	తేనె
Horse	గుర్రం
Rice	బియ్యం
Seeds	విత్తనాలు
Water	నీరు

Farm #2
వ్యవసాయ #2

Animals	జంతువులు
Barley	బార్లీ
Corn	మొక్కజొన్న
Duck	బాతు
Farmer	కాపు
Food	ఆహారం
Fruit	పండు
Irrigation	నీటిపారుదల
Llama	లామా
Meadow	పచ్చిక బయలు
Milk	పాలు
Orchard	పండ్ల
Ripe	పండిన
Sheep	గొర్రె
Shepherd	గొర్రెల కాపరి
Tractor	ట్రాక్టర్
Vegetable	కూరగాయ
Wheat	గోధుమ
Windmill	విండ్మిల్

Fashion
ఫ్యాషన్

Affordable	సరసమైన
Boutique	బోటిక్
Buttons	బటన్లు
Clothing	దుస్తులు
Comfortable	సౌకర్యవంతమైన
Elegant	సొగసైన
Embroidery	ఎంబ్రాయిడరీ
Expensive	ఖరీదైన
Lace	లేస్
Measurements	కొలతలు
Minimalist	కొద్దిపాటి
Modern	ఆధునిక
Modest	నమ్రత
Original	అసలు
Pattern	నమూనా
Practical	ఆచరణాత్మక
Style	శైలి
Texture	నేత
Trend	ధోరణి

Food #1
ఆహార #1

Apricot	నేరేడు పండు
Barley	బార్లీ
Basil	తులసి
Carrot	క్యారెట్
Cinnamon	దాల్చిన చెక్క
Garlic	వెల్లుల్లి
Juice	రసం
Lemon	నిమ్మ
Milk	పాలు
Onion	ఉల్లిపాయ
Peanut	వేరుశెనగ
Pear	ధాన్యము
Salad	సలాడ్
Salt	ఉప్పు
Soup	పులుసు
Spinach	బచ్చలి
Strawberry	స్ట్రాబెర్రీ
Sugar	చక్కెర
Tuna	ట్యూనా
Turnip	టర్నిప్

Food #2
ఆహార #2

Apple	ఆపిల్
Artichoke	ఆర్టిచోక్
Banana	అరటి
Broccoli	బ్రోకలీ
Celery	కట్
Cheese	చీజ్
Cherry	చెర్రీ
Chicken	చికెన్
Chocolate	చాక్లెట్
Egg	గుడ్డు
Eggplant	వంకాయ
Fish	చేప
Grape	ద్రాక్ష
Ham	హామ్
Kiwi	కివి
Mushroom	పుట్టగొడుగు
Rice	బియ్యం
Tomato	టమాటో
Wheat	గోధుమ
Yogurt	పెరుగు

Fruit
పండు

Apple	ఆపిల్
Apricot	నేరేడు పండు
Avocado	అవోకాడో
Banana	అరటి
Berry	బెర్రీ
Cherry	చెర్రీ
Coconut	కొబ్బరి
Fig	అత్తి
Grape	ద్రాక్ష
Guava	జామ
Kiwi	కివి
Lemon	నిమ్మ
Mango	మామిడి
Melon	పుచ్చకాయ
Nectarine	పండు
Orange	ఆరెంజ్
Papaya	బొప్పాయి
Peach	పీచు
Pear	ధాన్యము
Pineapple	అనాస పండు

Garden
గార్డెన్

Bench	బెంచ్
Bush	బుష్
Fence	కంచె
Flower	పువ్వు
Garden	తోట
Grass	గడ్డి
Hammock	ఊయల
Hose	గొట్టం
Lawn	పచ్చిక
Orchard	పండ్ల
Pond	చెరువు
Rake	రేక్
Rocks	రాళ్ళు
Shovel	పార
Soil	మట్టి
Terrace	చప్పరము
Trampoline	ట్రామ్పోలిన్
Tree	చెట్టు
Vine	వైన్
Weeds	కలుపు

Gardening
గార్డెనింగ్

Botanical	బొటానికల్
Bouquet	గుత్తి
Climate	వాతావరణం
Compost	కంపోస్ట్
Container	జాడీ
Dirt	మురికి
Edible	తినదగిన
Exotic	అన్యదేశ
Floral	పూల
Foliage	ఆకులు
Hose	గొట్టం
Leaf	ఆకు
Moisture	తేమ
Orchard	పండ్ల
Seasonal	సీజనల్
Seeds	విత్తనాలు
Soil	మట్టి
Species	జాతులు
Water	నీరు

Geography
భూగోళశాస్త్రం

Altitude	ఎత్తు
Atlas	అట్లాస్
City	నగరం
Continent	ఖండం
Country	దేశం
Hemisphere	అర్ధగోళం
Island	ద్వీపం
Latitude	అక్షాంశం
Map	పటం
Meridian	మెరిడియన్
Mountain	పర్వతం
North	ఉత్తర
Ocean	మహాసముద్రం
Region	ప్రాంతం
River	నది
Sea	సముద్ర
South	దక్షిణ
Territory	భూభాగం
West	పడమర
World	ప్రపంచం

Geology
భూగర్భ శాస్త్రం

Acid ఆమ్లం
Calcium కాల్షియం
Cavern గుహ
Continent ఖండం
Coral పగడపు
Crystals స్ఫటికాలు
Cycles సైకిల్స్
Earthquake భూకంపం
Erosion కోత
Fossil ఫాసిల్
Geyser గీజర్
Lava లావా
Layer పొర
Minerals మినరల్స్
Molten కరిగిన
Plateau పీఠభూమి
Quartz క్వార్ట్జ్
Salt ఉప్పు
Stone రాయి
Volcano అగ్నిపర్వతం

Geometry
జ్యామితి

Angle కోణం
Calculation గణన
Circle వృత్తం
Curve వంపు
Diameter వ్యాసం
Dimension కొలతలు
Equation సమీకరణం
Height ఎత్తు
Logic తర్కం
Mass మాస్
Median సగటు
Number సంఖ్య
Parallel సమాంతర
Proportion నిష్పత్తి
Segment సెగ్మెంట్
Surface ఉపరితలం
Symmetry సమరూపత
Theory సిద్ధాంతం
Triangle త్రిభుజం
Vertical నిలువు

Global Warming
గ్లోబల్ వార్మింగ్

Arctic ఆర్కిటిక్
Climate వాతావరణం
Crisis సంక్షోభం
Data డేటా
Development అభివృద్ధి
Energy శక్తి
Environmental పర్యావరణ
Future భవిష్యత్తు
Gas గ్యాస్
Generations తరాలు
Government ప్రభుత్వం
Habitats ఆవాసాల
Industry పరిశ్రమ
International అంతర్జాతీయ
Legislation చట్టం
Now ఇప్పుడు
Populations జనాభా
Scientist శాస్త్రవేత్త
Temperatures ఉష్ణోగ్రతలు
To Reduce తగ్గించడానికి

Government
ప్రభుత్వం

Citizenship పౌరసత్వం
Civil సివిల్
Constitution రాజ్యాంగం
Democracy ప్రజాస్వామ్యం
Discussion చర్చ
District జిల్లా
Equality సమానత్వం
Independence స్వాతంత్ర్యం
Judicial న్యాయ
Justice న్యాయం
Law చట్టం
Leader నాయకుడు
Liberty స్వేచ్ఛ
Monument స్మారక చిహ్నం
Nation దేశం
Peaceful నిర్మలమైన
Politics రాజకీయాలు
Speech ప్రసంగం
State రాష్ట్రం
Symbol చిహ్నం

Hair Types
జుట్టు రకాలు

Bald బట్టతల
Black నలుపు
Blond రాగి
Braided అల్లిన
Braids జడలు
Brown బ్రౌన్
Colored రంగు
Curls కురులు
Curly మోడల్
Dry పొడి
Gray గ్రే
Healthy ఆరోగ్యకరమైన
Long లాంగ్
Shiny మెరిసే
Short పొట్టి
Soft సాఫ్ట్
Thick మందమైన
Thin సన్నని
Wavy ఉంగరాల
White తెలుపు

Health and Wellness #1
ఆరోగ్యం మరియు వెల్నెస్ #1

Active క్రియాశీల
Bacteria బాక్టీరియా
Bones ఎముకలు
Clinic క్లినిక్
Doctor వైద్యుడు
Fracture పగులు
Habit అలవాటు
Height ఎత్తు
Hormones హార్మోన్లు
Hunger ఆకలి
Injury గాయం
Medicine ఔషధం
Muscles కండరాలు
Nerves నరములు
Pharmacy ఔషధశాల
Posture భంగిమ
Reflex రిఫ్లెక్స్
Skin చర్మం
Treatment చికిత్స
Virus వైరస్

Health and Wellness #2
ఆరోగ్యం మరియు వెల్నెస్ #2

Allergy	అలెర్జీ
Anatomy	ఫోకర్
Appetite	ఆకలి
Blood	రక్తం
Calorie	కెలోరీ
Dehydration	నిర్జలీకరణం
Diet	ఆహారం
Disease	వ్యాధి
Energy	శక్తి
Genetics	జన్యుశాస్త్రం
Healthy	ఆరోగ్యకరమైన
Hospital	ఆసుపత్రి
Hygiene	శుభ్రంగా
Infection	ఇన్ఫెక్షన్
Massage	మర్దించు
Nutrition	పోషణ
Recovery	రికవరీ
Stress	ఒత్తిడి
Vitamin	విటమిన్
Weight	బరువు

Herbalism
హెర్బలిజం

Aromatic	సుగంధ
Basil	తులసి
Beneficial	ప్రయోజనకరమైన
Culinary	పాక
Fennel	ఫెన్నెల్
Flavor	ఫ్లేవర్
Flower	పువ్వు
Garden	తోట
Garlic	వెల్లుల్లి
Green	ఆకుపచ్చ
Ingredient	దినుసు
Lavender	లావెండర్
Marjoram	మార్జోరం
Mint	పుదీనా
Oregano	ఒరేగానో
Parsley	పార్స్లీ
Plant	మొక్క
Rosemary	రోజ్మేరీ
Saffron	కుంకుమ
Tarragon	ఆరగాన్

House
హౌస్

Attic	అటక
Basement	పునాది
Broom	చీపురు
Curtains	కర్టెన్లు
Door	తలుపు
Fence	కంచె
Fireplace	పొయ్యి
Floor	అంతస్తు
Furniture	ఫర్నిచర్
Garden	తోట
Keys	కీలు
Kitchen	వంటగది
Lamp	దీపం
Library	గ్రంథాలయం
Mirror	అద్దం
Roof	మరొక
Room	గది
Shower	జల్లు
Wall	గోడ
Window	కిటికీ

Human Body
మానవ శరీరం

Ankle	చీలమండ
Blood	రక్తం
Bones	ఎముకలు
Brain	మెదడు
Chin	గడ్డం
Ear	చెవి
Elbow	మోచేతి
Face	ముఖం
Finger	వేలు
Hand	చెయ్యి
Head	తల
Heart	గుండె
Jaw	దవడ
Knee	మోకాలు
Leg	కాలు
Mouth	నోరు
Neck	మెడ
Nose	ముక్కు
Shoulder	భుజం
Skin	చర్మం

Immigration
ఇమ్మిగ్రేషన్

Administration	పరిపాలన
Adults	పెద్దలు
Approval	ఆమోదం
Children	పిల్లలు
Communication	కమ్యూనికేషన్
Deadline	గడువు
Documents	పత్రాలు
Funding	నిధులు
Housing	గృహ
Language	భాష
Law	చట్టం
Negotiation	సంధి
Officer	అధికారి
Process	ప్రక్రియ
Protection	రక్షణ
Situation	పరిస్థితి
Solution	పరిష్కారం
Stress	ఒత్తిడి

Jazz
జాజ్

Album	ఆల్బమ్
Artist	కళాకారుడు
Composer	స్వరకర్త
Composition	కూర్పు
Concert	కచేరీ
Drums	డ్రమ్స్
Famous	ప్రసిద్ధ
Favorites	ఇష్టమైన
Improvisation	అభివృద్ధి
Influences	ప్రభావాలు
Music	సంగీతం
Musicians	సంగీతకారులు
New	కొత్త
Old	పాత
Orchestra	ఆర్కెస్ట్రా
Rhythm	లయ
Song	పాట
Style	శైలి
Talent	ప్రతిభ
Technique	టెక్నిక్

Kitchen
కిచెన్

Apron	అప్రాన్
Bowl	గిన్నె
Cups	కప్పులు
Food	ఆహారం
Freezer	ఫ్రీజర్
Grill	గ్రిల్
Jar	జార్
Jug	జగ్
Kettle	కెటిల్
Knives	కత్తులు
Ladle	గరిటె
Napkin	రుమాలు
Oven	పొయ్యి
Recipe	సూచన
Refrigerator	రిఫ్రిజిరేటర్
Sponge	స్పాంజ్
Spoons	స్పూన్లు
To Eat	తినడానికి

Landscapes
ప్రకృతి దృశ్యాలు

Beach	బీచ్
Cave	గుహ
Desert	ఎడారి
Geyser	గీజర్
Glacier	హిమానీనదం
Hill	కొండ
Iceberg	మంచుకొండ
Island	ద్వీపం
Lake	సరస్సు
Mountain	పర్వతం
Oasis	ఒయాసిస్
Ocean	మహాసముద్రం
Peninsula	ద్వీపకల్పం
River	నది
Sea	సముద్ర
Swamp	చిత్తడి
Tundra	టండ్రా
Valley	లోయ
Volcano	అగ్నిపర్వతం
Waterfall	జలపాతం

Literature
సాహిత్యం

Analogy	సారూప్యత
Analysis	విశ్లేషణ
Anecdote	కథ
Author	రచయిత
Biography	జీవిత చరిత్ర
Comparison	పోలిక
Conclusion	ముగింపు
Description	వివరణ
Dialogue	సంభాషణ
Fiction	కల్పన
Metaphor	రూపకం
Narrator	కథకుడు
Novel	నవల
Opinion	అభిప్రాయం
Poem	పద్యం
Poetic	కవితా
Rhythm	లయ
Style	శైలి
Theme	థీమ్
Tragedy	విషాదం

Mammals
క్షీరదాలు

Bear	ఎలుగుబంటి
Beaver	బీవర్
Bull	ఎద్దు
Cat	పిల్లి
Coyote	మరి
Dog	కుక్క
Dolphin	డాల్ఫిన్
Elephant	ఏనుగు
Fox	నక్క
Giraffe	జిరాఫీ
Gorilla	గొరిల్లా
Horse	గుర్రం
Kangaroo	కంగారు
Lion	సింహం
Monkey	కోతి
Rabbit	కుందేలు
Sheep	గొర్రె
Whale	తిమింగలం
Wolf	తోడేలు
Zebra	జీబ్రా

Math
గణితం

Angles	మెక్సికో
Arithmetic	అంకగణితం
Decimal	దశాంశ
Diameter	వ్యాసం
Equation	సమీకరణం
Exponent	ఆనవాలు
Fraction	భిన్నం
Geometry	జ్యామితి
Numbers	సంఖ్యలు
Parallel	సమాంతర
Perimeter	చుట్టుకొలత
Perpendicular	లంబంగా
Polygon	బహుభుజి
Radius	వ్యాసార్థం
Sphere	గోళం
Square	చతురస్రం
Sum	మొత్తం
Symmetry	సమరూపత
Triangle	త్రిభుజం
Volume	వాల్యూమ్

Measurements
కొలతలు

Byte	బైట్
Centimeter	సెంటీమీటర్
Decimal	దశాంశ
Degree	డిగ్రీ
Depth	లోతు
Gram	గ్రాము
Height	ఎత్తు
Inch	అంగుళం
Kilogram	కిలోగ్రాము
Kilometer	కిలోమీటరు
Length	పొడవు
Liter	లీటరు
Mass	మాస్
Meter	మీటర్
Minute	నిమిషం
Ounce	ఔన్స్
Ton	టన్ను
Volume	వాల్యూమ్
Weight	బరువు
Width	వెడల్పు

Meditation
ధ్యానం

Acceptance	అంగీకారం
Attention	దృష్టిని
Awake	మేలుకొని
Breathing	శ్వాస
Calm	ప్రశాంతత
Clarity	స్పష్టత
Compassion	కరుణ
Gratitude	కృతజ్ఞత
Habits	అలవాట్లు
Insight	అంతర్దృష్టి
Kindness	దయ
Mental	మానసిక
Movement	ఉద్యమం
Music	సంగీతం
Nature	ప్రకృతి
Observation	పరిశీలన
Peace	శాంతి
Perspective	దృష్టికోణం
Silence	నిశ్శబ్దం
Thoughts	ఆలోచనలు

Music
సంగీతం

Album	ఆల్బమ్
Ballad	యక్షగానం
Chorus	బృందగానం
Classical	శాస్త్రీయ
Eclectic	పరిశీలనాత్మక
Harmonic	హార్మోనిక్
Harmony	సామరస్యం
Instrument	వాయిద్యం
Lyrical	లిరికల్
Melody	శ్రావ్యత
Microphone	మైక్రోఫోన్
Musical	సంగీత
Musician	సంగీతకారుడు
Opera	ఒపెరా
Poetic	కవితా
Recording	రికార్డింగ్
Rhythmic	లయ
Sing	పాడు
Singer	సింగర్
Vocal	స్వర

Musical Instruments
సంగీత సాధన

Banjo	బాంజో
Bassoon	ఊదే
Cello	సెల్లో
Clarinet	క్లారినెట్
Drum	డ్రం
Flute	వేణువు
Gong	జేగంట
Guitar	గిటార్
Harmonica	హార్మోనికా
Harp	హార్ప్
Mandolin	మాండోలిన్
Oboe	బాకా
Piano	పియానో
Saxophone	ఆటోస్
Tambourine	తాంబూలం
Trombone	ట్రోంబోన్
Trumpet	ట్రంపెట్
Violin	వయోలిన్

Mythology
పురాణశాస్త్రం

Archetype	ఆదర్శం
Behavior	ప్రవర్తన
Beliefs	నమ్మకాలు
Creation	సృష్టి
Creature	జీవి
Culture	సంస్కృతి
Deities	దేవతలు
Disaster	విపత్తు
Heaven	స్వర్గం
Hero	హీరో
Immortality	అమరత్వం
Jealousy	అసూయ
Labyrinth	చిక్కైన
Legend	పురాణం
Lightning	మెరుపు
Monster	రాక్షసుడు
Mortal	నైతిక
Revenge	ప్రతీకారం
Thunder	ఉరుము
Warrior	యోధుడు

Nature
ప్రకృతి

Animals	జంతువులు
Arctic	ఆర్కిటిక్
Beauty	అందం
Bees	తేనెటీగలు
Clouds	మేఘాలు
Desert	ఎడారి
Dynamic	డైనమిక్
Erosion	కోత
Fog	పొగమంచు
Foliage	ఆకులు
Forest	ఫారెస్ట్
Glacier	హిమానీనదం
Mountains	పర్వతాలు
River	నది
Sanctuary	అభయారణ్యం
Serene	నిర్మలమైన
Shelter	షెల్టర్
Tropical	ఉష్ణమండల
Vital	కీలక
Wild	అడవి

Numbers
సంఖ్యలు

Decimal	దశాంశ
Eight	ఎనిమిది
Eighteen	పద్దెనిమిది
Fifteen	పదిహేను
Five	ఐదు
Four	నాలుగు
Fourteen	పద్నాలుగు
Nine	తొమ్మిది
Nineteen	పంతొమ్మిది
One	ఒకటి
Seven	ఏడు
Seventeen	పదిహేడు
Six	ఆరు
Sixteen	పదహారు
Ten	పది
Thirteen	పదమూడు
Three	మూడు
Twelve	పన్నెండు
Twenty	ఇరవై
Two	రెండు

Nutrition
పోషణ

Appetite	ఆకలి
Balanced	సంతులనం
Bitter	చేదు
Calories	కేలరీలు
Choices	ఎంపికలు
Diet	ఆహారం
Digestion	జీర్ణక్రియ
Edible	తినదగిన
Fermentation	కిణ్వప్రక్రియ
Flavor	ఫ్లేవర్
Habits	అలవాట్లు
Health	ఆరోగ్యం
Healthy	ఆరోగ్యకరమైన
Liquids	ద్రవాలు
Nutrient	పోషకం
Quality	నాణ్యత
Sauce	సాస్
Toxin	టాక్సిన్
Vitamin	విటమిన్
Weight	బరువు

Ocean
సముద్ర

Algae	ఆల్గే
Coral	పగడపు
Crab	పీత
Dolphin	డాల్ఫిన్
Eel	మలుగు చేప
Fish	చేప
Jellyfish	జెల్లీ ఫిష్
Octopus	ఆక్టోపస్
Oyster	ఆయిస్టర్
Reef	రీఫ్
Salt	ఉప్పు
Seaweed	సముద్రపు పాచి
Shark	షార్క్
Shrimp	రొయ్యలు
Sponge	స్పాంజ్
Storm	తుఫాను
Tuna	ట్యూనా
Turtle	తాబేలు
Waves	అలలు
Whale	తిమింగలం

Philanthropy
దాతృత్వం

Challenges	సవాళ్లు
Children	పిల్లలు
Community	సంఘం
Contacts	పరిచయాలు
Finance	రద్దు
Funds	నిధులు
Generosity	ఉదాత్తత
Global	ప్రపంచ
Goals	లక్ష్యాలు
Groups	సమూహాలు
History	చరిత్ర
Honesty	నిజాయితీ
Humanity	మోసము
Mission	మిషన్
Need	అవసరం
People	ప్రజలు
Programs	కార్యక్రమాలు
Public	ప్రజా
Youth	యువత

Photography
ఫోటోగ్రఫీ

Black	నలుపు
Camera	కెమెరా
Color	రంగు
Composition	కూర్పు
Contrast	విరుద్ధంగా
Darkness	చీకటి
Definition	నిర్వచనం
Exhibition	ఎగ్జిబిషన్
Format	ఫార్మాట్
Frame	చట్రం
Lighting	లైటింగ్
Object	వస్తువు
Perspective	దృష్టికోణం
Portrait	చిత్తరువు
Shadows	నీడలు
Soften	మృదువుగా
Subject	విషయం
Texture	నేత
Visual	దృశ్య

Physics
ఫిజిక్స్

Acceleration	త్వరణం
Chaos	గందరగోళం
Chemical	రసాయన
Density	సాంద్రత
Electron	ఎలక్ట్రాన్
Engine	ఇంజిన్
Expansion	విస్తరణ
Formula	నియమం
Frequency	తరచుదనం
Gas	గ్యాస్
Magnetism	అయస్కాంతత్వం
Mass	మాస్
Mechanics	మెకానిక్స్
Molecule	అణువు
Nuclear	న్యూక్లియర్
Particle	కణ
Relativity	సాపేక్షత
Speed	వేగం
Universal	యూనివర్సల్
Velocity	వడి

Plants
మొక్కలు

Bamboo	వెదురు
Bean	బీన్
Berry	బెర్రీ
Botany	వృక్షశాస్త్రం
Bush	బుష్
Cactus	కాక్టస్
Fertilizer	ఎరువులు
Flora	వృక్షజాలం
Flower	పువ్వు
Foliage	ఆకులు
Forest	ఫారెస్ట్
Garden	తోట
Grass	గడ్డి
Ivy	ఐవీ
Moss	నాచు
Petal	రేక
Root	రూట్
Stem	కాండము
Tree	చెట్టు
Vegetation	వృక్ష

Professions #1
వృత్తులు #1

Ambassador	రాయబారి
Attorney	న్యాయవాది
Banker	బ్యాంకర్
Cartographer	కార్టోగ్రాఫర్
Coach	రైలు పెట్టె
Dancer	నర్తకి
Doctor	వైద్యుడు
Editor	ఎడిటర్
Firefighter	అగ్నియోధుడుగా
Geologist	భూగోళ
Hunter	వేటగాడు
Jeweler	జ్యువెలర్
Musician	సంగీతకారుడు
Nurse	నర్సు
Pianist	పియానిస్ట్
Plumber	ప్లంబర్
Sailor	నావికుడు
Scientist	శాస్త్రవేత్త
Tailor	దర్జీ
Veterinarian	పశువైద్యుడు

Professions #2
వృత్తులు #2

Astronaut	వ్యోమగామి
Chemist	కెమిస్ట్
Dentist	దంతవైద్యుడు
Detective	డిటెక్టివ్
Engineer	ఇంజనీర్
Farmer	కాపు
Gardener	తోటమాలి
Inventor	సృష్టికర్త
Journalist	జర్నలిస్ట్
Librarian	లైబ్రేరియన్
Linguist	భాషా
Painter	చిత్రకారుడు
Philosopher	తత్వవేత్త
Photographer	ఫోటోగ్రాఫర్
Physician	వైద్యుడు
Professor	ప్రొఫెసర్
Publisher	ప్రచురణకర్త
Researcher	పరిశోధకుడు
Surgeon	సర్జన్
Teacher	టీచర్

Psychology
మనస్తత్వశాస్త్రం

Appointment	నియామకం
Assessment	అంచనా
Behavior	ప్రవర్తన
Childhood	బాల్యం
Clinical	క్లినికల్
Cognition	జ్ఞానం
Conflict	సంఘర్షణ
Dreams	కలలు
Ego	అహం
Experiences	అనుభవాలు
Ideas	ఆలోచనలు
Influences	ప్రభావాలు
Perception	అవగాహన
Personality	వ్యక్తిత్వం
Problem	సమస్య
Reality	వాస్తవికత
Sensation	సంచలనం
Therapy	చికిత్స
Unconscious	మూర్ఛ

Rainforest
రెయిన్ఫారెస్ట్

Amphibians	ఉభయచరాలు
Birds	పక్షులు
Botanical	బొటానికల్
Climate	వాతావరణం
Clouds	మేఘాలు
Community	సంఘం
Diversity	వైవిధ్యం
Indigenous	దేశీయ
Insects	కీటకాలు
Jungle	అడవి
Mammals	క్షీరదాలు
Moss	నాచు
Nature	ప్రకృతి
Preservation	సంరక్షణ
Refuge	శరణు
Respect	గౌరవం
Restoration	పునరుద్ధరణ
Species	జాతులు
Survival	మనుగడ
Valuable	ఖరీదైన

Restaurant #1
రెస్టారెంట్ #1

Allergy	అలెర్జీ
Bowl	గిన్నె
Bread	బ్రెడ్
Cashier	క్యాషియర్
Chicken	చికెన్
Coffee	కాఫీ
Food	ఆహారం
Kitchen	వంటగది
Knife	కత్తి
Meat	మాంసం
Menu	మెను
Napkin	రుమాలు
Plate	ప్లేట్
Reservation	రిజర్వేషన్
Sauce	సాస్
Spicy	స్పైసి
To Eat	తినడానికి
Waitress	సేవకురాలు

Restaurant #2
రెస్టారెంట్ #2

Appetizer	ఆకలి
Beverage	పానీయం
Cake	కేక్
Chair	కుర్చీ
Delicious	కమ్మని
Dinner	డిన్నర్
Eggs	గుడ్లు
Fish	చేప
Fork	ఫోర్క్
Fruit	పండు
Ice	మంచు
Lunch	లంచ్
Noodles	నూడుల్స్
Salad	సలాడ్
Salt	ఉప్పు
Soup	పులుసు
Spoon	చెంచా
Vegetables	కూరగాయలు
Waiter	సేవకుడు
Water	నీరు

Science
సైన్స్

Atom	అణువు
Chemical	రసాయన
Climate	వాతావరణం
Data	డేటా
Evolution	పరిణామం
Experiment	ప్రయోగం
Fact	వాస్తవం
Fossil	ఫాసిల్
Gravity	గురుత్వాకర్షణ
Hypothesis	పరికల్పన
Laboratory	ప్రయోగశాల
Method	పద్ధతి
Minerals	మినరల్స్
Molecules	అణువులు
Nature	ప్రకృతి
Organism	జీవి
Particles	కణాలు
Physics	ఫిజిక్స్
Plants	మొక్కలు
Scientist	శాస్త్రవేత్త

Science Fiction
వైజ్ఞానిక కల్పన

Atomic	పరమాణు
Books	పుస్తకాలు
Chemicals	రసాయనాలు
Cinema	సినిమా
Distant	దూరమైన
Dystopia	డిస్టోపియా
Explosion	పేలుడు
Fantastic	అద్భుతమైన
Fire	అగ్ని
Futuristic	భవిష్యత్
Galaxy	గాలాక్సీ
Illusion	భ్రాంతి
Imaginary	ఊహాత్మక
Mysterious	మర్మమైన
Oracle	ఒరాకిల్
Planet	గ్రహం
Robots	రోబోట్లు
Technology	సాంకేతికం
Utopia	యుటోపియా
World	ప్రపంచం

Scientific Disciplines
శాస్త్రీయ విభాగాలు

Anatomy	ఫోకర్
Archaeology	పురావస్తు
Astronomy	ఖగోళ శాస్త్రం
Biochemistry	బయోకెమిస్ట్రీ
Biology	జీవశాస్త్రం
Botany	వృక్షశాస్త్రం
Ecology	ఎకాలజీ
Geology	జియాలజీ
Kinesiology	కైనెసియాలజీ
Linguistics	భాషాశాస్త్రం
Mechanics	మెకానిక్స్
Mineralogy	ఖనిజశాస్త్రం
Neurology	న్యూరాలజీ
Nutrition	పోషణ
Physics	ఫిజిక్స్
Psychology	సైకాలజీ
Robotics	రోబోటిక్స్
Thermodynamics	ఉష్ణగతిక
Zoology	జంతుశాస్త్రం

Shapes
ఆకారాలు

Circle	వృత్తం
Cone	కోన్
Corner	కార్నర్
Cube	క్యూబ్
Curve	వంపు
Cylinder	సిలిండర్
Edges	అంచులు
Ellipse	దీర్ఘవృత్తం
Hyperbola	హైపర్బోలా
Line	లైన్
Oval	ఓవల్
Polygon	బహుభుజి
Prism	ప్రిజం
Pyramid	పిరమిడ్
Round	రౌండ్
Side	వైపు
Sphere	గోళం
Square	చతురస్రం
Triangle	త్రిభుజం

Spices
సుగంధ ద్రవ్యాలు

Anise	సోంపు
Bitter	చేదు
Cardamom	ఏలకులు
Cinnamon	దాల్చిన చెక్క
Clove	లవంగం
Coriander	కొత్తిమీర
Cumin	జీలకర్ర
Curry	కూర
Fennel	ఫెన్నెల్
Fenugreek	మెంతులు
Flavor	ఫ్లేవర్
Garlic	వెల్లుల్లి
Ginger	అల్లం
Nutmeg	జాజికాయ
Onion	ఉల్లిపాయ
Paprika	మిరపకాయ
Saffron	కుంకుమ
Salt	ఉప్పు
Sweet	తీపి
Vanilla	వెనిలా

Technology
టెక్నాలజీ

Blog	బ్లాగు
Browser	బ్రౌజర్
Camera	కెమెరా
Computer	కంప్యూటర్
Cursor	కర్సర్
Data	డేటా
Digital	డిజిటల్
File	ఫైల్
Font	ఫాంట్
Internet	ఇంటర్నెట్
Message	సందేశం
Research	పరిశోధన
Screen	స్క్రీన్
Security	భద్రత
Software	సాఫ్ట్వేర్
Statistics	గణాంకాలు
Virtual	వర్చువల్
Virus	వైరస్

The Company
కంపెనీ

Business	వ్యాపారం
Creative	సృజనాత్మక
Decision	నిర్ణయం
Employment	ఉపాధి
Global	ప్రపంచ
Industry	పరిశ్రమ
Innovative	వినూత్న
Investment	పెట్టుబడి
Possibility	అవకాశం
Presentation	ప్రదర్శన
Product	ఉత్పత్తి
Professional	ప్రొఫెషనల్
Progress	పురోగతి
Quality	నాణ్యత
Reputation	కీర్తి
Resources	వనరులు
Revenue	ఆదాయం
Risks	ప్రమాదాలు
Units	యూనిట్లు

The Media
మీడియా

Commercial	కమర్షియల్
Communication	కమ్యూనికేషన్
Digital	డిజిటల్
Edition	ఎడిషన్
Education	చదువు
Funding	నిధులు
Images	చిత్రాలు
Individual	వ్యక్తిగత
Industry	పరిశ్రమ
Intellectual	మేధావి
Local	స్థానిక
Magazines	పత్రికలు
Network	జాలిక
Online	ఆన్‌లైన్
Opinion	అభిప్రాయం
Photos	ఫోటోలు
Public	ప్రజా
Radio	రేడియో
Television	టెలివిజన్

Time
సమయం

Annual	వార్షిక
Before	ముందు
Calendar	క్యాలెండర్
Century	శతాబ్దం
Clock	గడియారం
Day	రోజు
Decade	దశాబ్దం
Future	భవిష్యత్తు
Hour	గంట
Minute	నిమిషం
Month	నెల
Morning	ఉదయం
Night	రాత్రి
Noon	మధ్యాహ్నం
Now	ఇప్పుడు
Soon	త్వరలో
Today	నేడు
Week	వారం
Year	సంవత్సరం
Yesterday	నిన్న

Town
పట్టణం

Airport	విమానాశ్రయం
Bakery	బేకరీ
Bank	బ్యాంకు
Cafe	కేఫ్
Cinema	సినిమా
Clinic	క్లినిక్
Florist	పూల వర్తకుడు
Gallery	గ్యాలరీ
Hotel	హోటల్
Library	గ్రంథాలయం
Market	సంత
Museum	మ్యూజియం
Pharmacy	ఔషధశాల
Restaurant	రెస్టారెంట్
Salon	సెలూన్
School	పాఠశాల
Stadium	స్టేడియం
Store	స్టోర్
Theater	థియేటర్
Zoo	జూ

Universe
విశ్వం

Asteroid	గ్రహశకలం
Astronomy	ఖగోళ శాస్త్రం
Atmosphere	వాతావరణం
Celestial	ఖగోళ
Cosmic	కాస్మిక్
Darkness	చీకటి
Equator	భూమధ్యరేఖ
Galaxy	గెలాక్సీ
Hemisphere	అర్ధగోళం
Latitude	అక్షాంశం
Longitude	రేఖాంశం
Moon	చంద్రుడు
Orbit	కక్ష్య
Sky	ఆకాశం
Solar	సౌర
Solstice	సంక్రమణ
Telescope	టెలిస్కోప్
Tilt	వంపు
Visible	కనిపించే
Zodiac	రాశిచక్రం

Vacation #2
సెలవు #2

Airport	విమానాశ్రయం
Beach	బీచ్
Destination	గమ్యం
Foreign	విదేశీ
Foreigner	విదేశీయుడు
Holiday	సెలవు
Hotel	హోటల్
Island	ద్వీపం
Journey	ప్రయాణం
Leisure	తీరిక
Map	పటం
Mountains	పర్వతాలు
Passport	పాస్పోర్ట్
Restaurant	రెస్టారెంట్
Sea	సముద్ర
Taxi	టాక్సీ
Tent	డేరా
Train	రైలు
Transportation	రవాణా
Visa	వీసా

Vegetables
కూరగాయలు

Artichoke	ఆర్టిచోక్
Broccoli	బ్రోకలీ
Carrot	క్యారెట్
Cauliflower	కాలీఫ్లవర్
Celery	కట్
Cucumber	దోసకాయ
Eggplant	వంకాయ
Garlic	వెల్లుల్లి
Ginger	అల్లం
Mushroom	పుట్టగొడుగు
Onion	ఉల్లిపాయ
Parsley	పార్స్లీ
Pea	పీ
Pumpkin	గుమ్మడికాయ
Radish	ముల్లంగి
Salad	సలాడ్
Shallot	చిన్న
Spinach	బచ్చలి
Tomato	టమాటో
Turnip	టర్నిప్

Vehicles
వాహనాలు

Airplane	విమానం
Ambulance	అంబులెన్స్
Bicycle	సైకిల్
Boat	పడవ
Bus	బస్
Car	కారు
Caravan	కారవాన్
Engine	ఇంజిన్
Ferry	రహదారి పడవ
Helicopter	హెలికాప్టర్
Motor	మోటర్
Raft	తెప్ప
Rocket	రాకెట్
Scooter	స్కూటర్
Submarine	జలాంతర్గామి
Subway	సబ్వే
Taxi	టాక్సీ
Tires	టైర్లు
Tractor	ట్రాక్టర్
Truck	లారీ

Visual Arts
విజువల్ ఆర్ట్స్

Architecture	నిర్మాణం
Artist	కళాకారుడు
Ceramics	సెరామిక్స్
Chalk	సుద్ద
Charcoal	బొగ్గు
Clay	బంకమట్టి
Composition	కూర్పు
Creativity	సృజనాత్మకత
Easel	ఏటవాలు బల్ల
Film	ఫోటో
Masterpiece	రచన
Painting	పెయింటింగ్
Pen	పెన్
Pencil	పెన్సిల్
Perspective	దృష్టికోణం
Portrait	చిత్తరువు
Sculpture	శిల్పం
Stencil	స్టెన్సిల్
Varnish	వార్నిష్
Wax	మైనం

Weather
వాతావరణం

Atmosphere	వాతావరణం
Calm	ప్రశాంతత
Cloud	మేఘం
Drought	కరువు
Dry	పొడి
Flood	వరద
Fog	పొగమంచు
Hurricane	హరికేన్
Ice	ఐస్
Lightning	మెరుపు
Monsoon	రిజైన్
Polar	పోలార్
Rainbow	ఇంద్రధనస్సు
Sky	ఆకాశం
Storm	తుఫాను
Temperature	ఉష్ణోగ్రత
Thunder	ఉరుము
Tornado	సుడిగాలి
Tropical	ఉష్ణమండల
Wind	గాలి

Congratulations

You made it!

We hope you enjoyed this book as much as we enjoyed making it. We do our best to make high quality games.
These puzzles are designed in a clever way for you to learn actively while having fun!

Did you love them?

A Simple Request

Our books exist thanks your reviews. Could you help us by leaving one now?

Here is a short link which will take you to your order review page:

BestBooksActivity.com/Review50

MONSTER CHALLENGE!

Challenge #1

Ready for Your Bonus Game? We use them all the time but they are not so easy to find. Here are **Synonyms**!

Note 5 words you discovered in each of the Puzzles noted below (#21, #36, #76) and try to find 2 synonyms for each word.

Note 5 Words from ***Puzzle 21***

Words	Synonym 1	Synonym 2

Note 5 Words from ***Puzzle 36***

Words	Synonym 1	Synonym 2

Note 5 Words from ***Puzzle 76***

Words	Synonym 1	Synonym 2

Challenge #2

Now that you are warmed-up, note 5 words you discovered in each Puzzle noted below (#9, #17, #25) and try to find 2 antonyms for each word. How many lines can you do in 20 minutes?

*Note 5 Words from **Puzzle 9***

Words	Antonym 1	Antonym 2

*Note 5 Words from **Puzzle 17***

Words	Antonym 1	Antonym 2

*Note 5 Words from **Puzzle 25***

Words	Antonym 1	Antonym 2

Challenge #3

Wonderful, this monster  challenge is nothing to you!

Ready for the last one? Choose your 10 favorite words discovered in any of the Puzzles and note them below.

1.	6.
2.	7.
3.	8.
4.	9.
5.	10.

Now, using these words and within a maximum of six sentences, your challenge is to compose a text about a person, animal or place that you love!

Tip: You can use the last blank page of this book as a draft!

Your Writing:

Explore a Unique Store Set Up **FOR YOU!**

MEGA DEALS

BestActivityBooks.com/**TheStore**

Designed for Entertainment!

Light Up Your Brain With Unique **Gift Ideas**.

Access **Surprising** And **Essential Supplies!**

CHECK OUT OUR MONTHLY SELECTION NOW!

- Expertly Crafted Products -

NOTEBOOK:

SEE YOU SOON!

Linguas Classics Team

ENJOY
FREE
GAMES
NOW ON
BESTACTIVITYBOOKS.COM/FREEGAMES

www.ingramcontent.com/pod-product-compliance
Lightning Source LLC
LaVergne TN
LVHW060041210926
848481LV00013B/3920
* 9 7 9 8 3 4 9 0 0 8 6 7 2 *